LE DIABLE PAR LA QUEUE

suivi de

POURQUOI ÉCRIRE ?

Paul Auster est né en 1947 à Newark dans le New Jersey.
Après des études à la Columbia University de 1965 à 1970, où il obtient un *Master of Arts*, Paul Auster s'installe à Paris de 1971 à 1975. Connaisseur attentif de notre langue il traduit des auteurs comme Dupin, Breton, Jabès, Mallarmé, Michaux et Du Bouchet. Il publie ses premiers poèmes en France en 1980 (*Unearth* aux éditions Maeght) et son premier roman en 1987 (*Cité de verre* aux éditions Actes Sud). Suivront des essais, pièces de théâtre, recueils de poésie et de nombreux romans, publiés aux éditions Actes Sud. Son œuvre qui connaît un succès mondial — il est aujourd'hui traduit en 21 langues — est adaptée au théâtre, au cinéma (*La Musique du hasard*, en 1991 par Philip Haas) mais aussi en bande dessinée.
Il obtient plusieurs prix littéraires, dont le Médicis étranger en 1993 pour *Léviathan*.
Smoke et *Brooklyn Boogie*, films de Wayne Wang et de Paul Auster ont été portés à l'écran en 1996, avec William Hurt et Harvey Keitel. *Smoke* a obtenu le Prix du meilleur film étranger au Danemark et en Allemagne.
Paul Auster vit à Brooklyn avec sa femme Siri Hustvedt, écrivain également publiée chez Actes Sud.

PAUL AUSTER

*Le Diable
par la queue*

suivi de

Pourquoi écrire ?

TRADUIT DE L'AMÉRICAIN PAR CHRISTINE LE BŒUF

ACTES SUD

Titres originaux :
HAND TO MOUTH
WHY WRITE ?

© Paul Auster, 1996.
© Actes Sud, 1996, pour la traduction française.

LE DIABLE PAR LA QUEUE

Aux environs de la trentaine, je suis passé par une période de plusieurs années pendant laquelle tout ce que je touchais allait à l'échec. Mon mariage s'achevait en divorce, mon travail d'écrivain s'enlisait et j'étais accablé de problèmes d'argent. Je ne parle pas simplement de pénurie occasionnelle, ni de l'éventuelle obligation de me serrer quelque temps la ceinture, mais d'un manque d'argent constant, écrasant, quasi suffocant, qui m'empoisonnait l'âme et me maintenait dans un état de panique sans bornes.

Nul autre que moi-même n'en était responsable. Mon rapport à l'argent avait toujours été faux, ambigu, plein d'élans contradictoires, et je payais le prix de mon refus d'adopter une position claire en la matière. Depuis toujours, ma seule ambition était d'écrire. Je savais cela depuis l'âge de seize ou dix-sept ans, et je ne m'étais jamais bercé de l'illusion que je pourrais en vivre. On ne devient pas écrivain à la suite d'une « décision de carrière », comme on devient médecin ou policier. On choisit moins qu'on n'est choisi, et dès lors qu'on reconnaît n'être bon à rien d'autre, il faut se sentir prêt à parcourir une route longue et pénible pendant le restant de ses jours. Sauf s'il s'avère qu'on est un favori des dieux (et malheur à celui qui table là-dessus), on ne tirera jamais de son travail de quoi assurer sa subsistance, et si l'on désire avoir un toit sur sa tête et ne pas mourir de faim, on doit se résigner à accomplir d'autres taches afin de payer les factures. Tout cela, je le comprenais, j'y étais prêt, je ne m'en plaignais pas. A cet égard, j'avais une chance énorme. Je ne désirais rien de particulier dans l'ordre des biens matériels, et la perspective de la pauvreté ne me faisait pas peur. Tout ce que je voulais, c'était la possibilité de réaliser l'œuvre que je sentais en moi.

La plupart des écrivains mènent une vie double. Ils gagnent de bon argent grâce à des professions légitimes et se réservent du mieux qu'ils peuvent le temps d'écrire tôt le matin, tard le soir, en fin de semaine et pendant les vacances. William Carlos William et Louis-Ferdinand Céline étaient médecins. Wallace Stevens travaillait pour une compagnie d'assurances. T. S. Eliot a été banquier, puis éditeur. Parmi mes propres relations, le poète français Jacques Dupin est codirecteur d'une galerie d'art à Paris. William Bronk, le poète américain, a dirigé pendant plus de quarante ans, au nord de l'Etat de New York, l'entreprise familiale de bois et charbons. Don DeLillo, Peter Carey, Salman Rushdie et Elmore Leonard ont tous travaillé pendant de longues périodes dans la publicité. D'autres écrivains enseignent. C'est sans doute la solution la plus répandue aujourd'hui, et depuis que grandes universités et collèges de province proposent des cours dits « d'écriture créatrice », romanciers et poètes sont sans cesse à se décarcasser pour obtenir un poste. Qui le leur reprocherait ? Les salaires ne sont pas élevés, mais le travail est régulier et les horaires commodes.

Mon problème était que mener une double vie ne m'intéressait pas. Ce n'était pas que je ne voulais pas travailler, mais l'idée de pointer de neuf à dix-sept heures à un emploi quelconque me laissait froid, totalement dépourvu d'enthousiasme. J'avais à peine vingt ans, et je me sentais trop jeune pour m'établir, trop débordant d'autres projets pour gaspiller mon temps à gagner plus d'argent que je n'en désirais ou qu'il ne m'en fallait. Sur le plan des finances, je voulais m'en tirer, c'est tout. La vie n'était pas chère en ce temps-là, et n'ayant de responsabilités qu'envers moi-même, je pensais pouvoir me débrouiller avec un revenu annuel d'environ trois mille dollars.

J'ai essayé pendant un an de faire une licence, mais seulement parce que l'université de Columbia m'offrait une bourse de deux mille dollars sans obligation d'enseigner — ce qui signifiait qu'en réalité on me payait pour étudier. Même dans ces conditions idéales, j'ai bientôt compris que je n'en avais rien à faire. L'école, je m'en sentais saturé, et la perspective de vivre encore cinq ou six années comme étudiant me paraissait un sort pire que la mort. Je n'avais plus envie de parler de livres, j'avais envie d'en écrire. Il ne me semblait pas bien, en principe, qu'un écrivain se réfugie dans une université, s'entoure de trop de gens aux idées semblables aux siennes, s'installe dans trop de confort. Le risque était l'autosatisfaction, et ça, une fois qu'un écrivain y cède, autant dire qu'il est perdu.

Je ne vais pas défendre les choix que j'ai faits. S'ils manquaient de sens pratique, en vérité, c'est que je n'avais pas envie d'être pratique. Ce que je voulais, c'étaient des expériences nouvelles. Je voulais me lancer dans la vie et me mettre à l'épreuve, passer d'une chose à l'autre, explorer tout ce qui me serait accessible. Du moment que je gardais les yeux ouverts, je pensais que tout ce qui pourrait m'arriver me serait utile, m'apprendrait des choses que j'ignorais. Cette démarche peut paraître démodée, elle l'était sans doute. Jeune écrivain fait ses adieux à parents et amis, et part pour destination inconnue afin de découvrir de quoi il est fait. Pour le meilleur ou pour le pire, je crois qu'aucune autre démarche n'aurait pu me convenir. J'avais de l'énergie, une tête bourrée d'idées et des fourmis dans les pieds. Le monde est grand : je n'avais pas envie de jouer la sécurité.

Il ne m'est pas difficile de décrire tout cela ni de me souvenir de ce que j'éprouvais alors. La difficulté ne commence que lorsque je me demande pourquoi j'ai agi comme je l'ai fait et pourquoi j'ai ressenti ce que je ressentais. Tous les autres jeunes poètes et écrivains de ma classe prenaient des décisions raisonnables à propos de leur avenir. Nous n'étions pas de ces gosses de riches qui peuvent compter sur des largesses de leurs parents, et une fois sortis de l'université, nous serions seuls pour de bon. Nous étions tous confrontés à la même situation, nous savions tous ce qui nous attendait, et pourtant ils ont agi dans un sens et moi dans un autre. C'est cela que je me sens toujours incapable d'expliquer. Pourquoi mes amis se sont-ils montrés si prudents, pourquoi moi si téméraire ?

Je suis issu d'une famille bourgeoise. J'ai vécu une enfance aisée, et je n'ai jamais souffert d'aucun des manques ni des privations qui accablent la plupart des êtres humains vivant sur cette terre. Je n'ai jamais eu faim, je n'ai jamais eu froid, je ne me suis jamais senti en danger de rien perdre de ce que je possédais. La sécurité allait de soi et pourtant, en dépit de l'aisance et du bien-être qui régnaient chez nous, l'argent y était un sujet de conversations et de soucis incessants. Mes parents avaient tous deux connu la Crise, et aucun des deux ne s'était complètement remis de ces temps difficiles. Ils avaient l'un et l'autre été marqués par l'expérience de la disette, et chacun en portait la blessure à sa manière.

Mon père était économe ; ma mère était prodigue. Elle dépensait ; lui, non. Le souvenir de la pauvreté n'avait pas cessé de l'obséder, et bien que ses conditions d'existence eussent changé, il ne réussit jamais à y croire tout à fait. Elle, par contre, trouvait grand plaisir dans cette situation modifiée. Elle aimait les rituels de la société de consommation, et à l'instar de tant d'Américains avant et après elle, elle pratiquait les emplettes comme un moyen d'expression, élevé parfois au niveau d'une forme d'art. Entrer dans un magasin, c'était s'engager dans un processus alchimique qui attribuait à la caisse enregistreuse des propriétés magiques de métamorphose. Désirs inexprimables, besoins intangibles, nostalgies indistinctes, passés par la boîte à finances, en ressortaient comme des réalités, des objets palpables qu'on pouvait tenir en main. Ma mère ne se fatiguait jamais de se rejouer ce miracle, et les factures qui en résultaient devinrent une pomme de discorde entre elle et mon père. Elle pensait que nous en avions les moyens ; lui pensait le contraire. Deux styles, deux visions du monde, deux philosophies morales se heurtaient en un conflit continuel, et à la fin leur mariage en fut brisé. L'argent fut la ligne de faille, il était devenu l'unique et incoercible source de désaccord entre eux. Ce qu'il y a de tragique, c'est que tous deux étaient gens de qualité — attentifs, honnêtes, travailleurs — et qu'en dehors de ce seul et féroce champ de bataille, ils semblaient plutôt bien s'entendre. Je n'ai jamais réussi à comprendre comment un sujet aussi peu important, toute proportion gardée, a pu causer entre eux tant de difficultés. Mais l'argent, bien entendu, n'est jamais seulement l'argent. C'est toujours autre chose, et c'est toujours quelque chose en plus, et ça a toujours le dernier mot.

Petit garçon, je me suis trouvé au centre de cette guerre idéologique. Ma mère m'emmenait acheter des vêtements, elle m'emportait dans le tourbillon de son enthousiasme et de sa générosité, et à chaque fois je me laissais persuader de désirer ce qu'elle m'offrait — toujours plus que je n'attendais, toujours plus que ce dont je pensais avoir besoin. Il m'était impossible de résister, impossible de ne pas me réjouir de l'attention que lui témoignaient les employés et de leur empressement à la servir, impossible de n'être pas transporté par son brio. Mon bonheur était toujours mêlé d'une bonne dose d'anxiété, cependant, car je savais exactement ce qu'allait dire mon père au reçu de la facture. Et, en effet, il le disait toujours. L'inévitable éclat se produisait, et se concluait presque inévitablement par une déclaration de mon père selon laquelle, la prochaine fois que j'aurais besoin de quelque chose, ce serait lui qui m'emmènerait faire les courses. Et ainsi, le moment arrivait de m'acheter une nouvelle veste d'hiver, par exemple, ou de nouvelles chaussures, et un soir après le dîner nous partions pour un magasin discount situé au bord d'une grand-route quelque part dans les ténèbres du New Jersey. Je revois la lumière blafarde des éclairages fluorescents dans ces endroits, les murs en parpaings, les rangées interminables de vêtements masculins bon marché. Comme le chantait alors la radio : « *Robert Hall this season / Will tell you the reason — / Low overhead / Bum, bum, bum, / Low overhead !* » (« Robert Hall cette saison / Vous dira la raison — / Plafond bas... ») Tout bien considéré, cette chanson fait autant partie de mon enfance que le serment d'allégeance ou la prière du Seigneur.

La vérité, c'est que ces chasses aux bonnes affaires avec mon père me plaisaient autant que les virées dépensières orchestrées par ma mère.

Ma loyauté se partageait équitablement entre mes deux parents, et il ne fut jamais question pour moi de dresser ma tente dans un camp plutôt que dans l'autre. L'attitude de ma mère était plus séduisante, peut-être, du moins par l'amusement et l'excitation qu'elle provoquait, mais il y avait à l'obstination de mon père un côté qui me saisissait aussi, une impression d'expérience durement acquise et de savoir au cœur de ses convictions, une intégrité d'intention qui faisait de lui un homme qui jamais ne battait en retraite, pas même au risque de faire mauvais effet aux yeux des gens. Je trouvais cela admirable, et autant j'adorais ma ravissante mère au charme sans bornes pour sa façon d'éblouir le monde, autant j'adorais mon père pour sa capacité de résister à ce même monde. L'observer en action pouvait être insupportable — il semblait ne jamais se soucier de ce qu'on pensait de lui — mais c'était aussi instructif, et à la longue je pense avoir prêté à ces leçons une attention dont je n'étais pas conscient.

Enfant, je me suis coulé dans le moule du débrouillard classique. Au premier signe de neige, je sortais, armé de ma pelle, et me mettais à sonner aux portes et à demander aux gens s'ils voulaient m'embaucher pour dégager leurs seuils et leurs allées. Quand les feuilles tombaient en octobre, j'étais là avec mon râteau, à sonner aux mêmes portes et à m'enquérir des pelouses. A d'autres moments, quand il n'y avait rien à ramasser par terre, je cherchais des « petits boulots ». Ranger le garage, nettoyer la cave, tailler les haies — quoi qu'il y eût à faire, j'étais l'homme de la situation. En été, je vendais de la limonade à dix *cents* le verre sur le trottoir devant ma maison. Je récupérais les bouteilles vides dans l'arrière-cuisine, les chargeais dans mon petit chariot rouge et les ramenais au magasin moyennant finance : deux *cents* pour les petites, cinq pour les grandes. Mes gains me servaient principalement à acheter des images de base-ball, des revues de sport et des journaux illustrés, et ce qui pouvait en rester, je ne manquais pas de le glisser dans ma tirelire, laquelle avait la forme d'une caisse enregistreuse. J'étais vraiment l'enfant de mes parents, et je ne mettais jamais en question les principes qui animaient leur univers. L'argent parlait, et dans la mesure où on l'écoutait et où on se pliait à ses arguments, on apprenait à parler le langage de la vie.

Un jour, je m'en souviens, je me suis trouvé détenteur d'une pièce de cinquante *cents*. Je ne me rappelle pas comment j'étais entré en possession de cette pièce — aussi rare alors qu'aujourd'hui — mais, qu'on me l'ait donnée ou que je l'aie gagnée, je garde un sentiment très vif de ce qu'elle signifiait pour moi et de la somme considérable qu'elle représentait. Pour cinquante *cents*, en ce temps-là, on pouvait acheter dix paquets d'images de base-ball, cinq journaux illustrés, dix sucres d'orge, cinquante bonbons durs — ou, si on préférait, des combinaisons variées de tout cela. Je mis le demi-dollar dans ma poche et partis pour le magasin, en calculant fiévreusement comment j'allais dépenser ma petite fortune. Quelque part en chemin, cependant, pour des raisons qui me dépassent encore, la pièce disparut. Je plongeai la main dans ma poche de derrière afin de la sentir — certain qu'elle était là, juste pour m'en assurer — et l'argent n'y était plus. Ma poche était-elle percée ? Avais-je accidentellement fait glisser la pièce hors de mon pantalon la dernière fois que je l'avais touchée ? Je n'en ai aucune idée. J'avais six ou sept ans, et je me rappelle encore à quel point j'étais malheureux. Je m'étais efforcé de faire tellement attention et, malgré toutes mes précautions, j'avais fini par perdre l'argent. Comment pouvais-je avoir laissé se produire une chose pareille ? Faute d'explication logique, je décidai que Dieu m'avait puni. Je ne savais pas pourquoi, mais j'étais certain que le Tout-Puissant en personne avait saisi la pièce dans ma poche.

Peu à peu, je me suis mis à tourner le dos à mes parents. Ce n'était pas que je commençais à les aimer moins, mais que le monde d'où ils venaient ne me faisait plus l'effet d'un endroit où il fît si bon vivre. J'avais dix, onze, douze ans, et déjà je devenais un émigré intérieur, un exilé dans ma maison. Beaucoup de ces changements peuvent être attribués à l'adolescence, au simple fait que je grandissais et commençais à penser par moi-même — mais pas tous. D'autres forces s'exerçaient sur moi en même temps, et chacune a contribué à me pousser vers la voie que j'ai suivie plus tard. Il n'y avait pas seulement le chagrin d'être le témoin forcé de l'écroulement de leur mariage, il n'y avait pas seulement la frustration de me trouver coincé dans une petite ville banlieusarde, il n'y avait pas seulement le climat américain de la fin des années cinquante — mais si l'on additionne tout cela, on obtient une forte incrimination du matérialisme, une contestation de l'opinion orthodoxe selon laquelle l'argent est un bien à chérir plus que tout. Mes parents chérissaient l'argent, et où cela les avait-il menés ? Ils avaient fait tant d'efforts pour l'acquérir, avaient investi en lui une telle foi, et à chaque problème qu'il avait résolu, un autre avait surgi à sa place. Le capitalisme américain a engendré l'un des moments les plus prospères de l'histoire humaine. Il a produit des quantités inouïes de voitures, de légumes surgelés et de shampooings miracles, et pourtant Eisenhower était président et le pays entier avait été transformé en une gigantesque publicité télévisée, une incessante exhortation à acheter plus, à fabriquer plus, à dépenser plus, à danser autour de l'arbre à dollars jusqu'à tomber raide mort de pure frénésie à force de tenter de garder la cadence.

Je ne tardai pas à m'apercevoir que je n'étais pas seul à penser ainsi. A dix ans, je suis tombé par hasard sur un numéro de *Mad Magazine* chez un marchand de bonbons à Irvington, dans le New Jersey, et je me souviens du plaisir intense, de la stupéfaction que j'ai ressentis à la lecture de ces pages. Elles m'apprenaient que j'avais des âmes sœurs en ce monde, que d'autres avaient déjà déverrouillé les portes que j'essayais d'ouvrir. On braquait des lances à incendie sur les Noirs dans les Etats du Sud, les Russes avaient lancé le premier *Spoutnik*, et je commençais à faire attention. Non, on n'était pas obligé d'avaler les dogmes qui nous étaient proposés. On pouvait leur résister, s'en moquer, les démasquer. La salubrité et la morne rectitude de la vie américaine n'étaient que de la frime, une campagne publicitaire à demi convaincue. Dès l'instant où l'on commençait à examiner les faits, des contradictions sautaient aux yeux, des hypocrisies rampantes étaient exposées, toute une nouvelle manière de considérer les choses devenait possible. On nous avait appris à croire à « la liberté et la justice pour tous », mais en réalité la liberté et la justice étaient souvent brouillées. La poursuite de l'argent n'a rien à voir avec l'équité. Son moteur est le principe social du « chacun pour soi ». Comme pour démontrer l'inhumanité essentielle du marché, presque toutes ses métaphores ont été tirées du règne animal : les loups se mangent entre eux, taureaux et ours*, le panier de crabes, la survie du plus fort. L'argent partageait le monde en gagnants et perdants, en nantis et démunis. C'était un excellent arrangement pour les gagnants, mais qu'en était-il des gens qui perdaient ? D'après les évidences qui m'apparaissaient, je croyais comprendre qu'ils devaient être écartés et oubliés. Dommage, bien sûr, mais telle était la règle du jeu. Si on construit un monde assez primitif pour y faire de Darwin le principal philosophe et d'Esope le plus grand poète, à quoi s'attendre d'autre ? C'est une jungle, tout ça, n'est-ce pas ? Il n'y a qu'à voir ce lion de Dreyfuss qui se balade en

---

* Dans l'univers américain de la bourse, on appelle *bulls* (taureaux) les spéculateurs à la hausse, *bears* (ours) les spéculateurs à la baisse. *(N.d.T.)*

plein milieu de Wall Street*. Le message pourrait-il être plus clair ? Mangez ou soyez mangé. C'est la loi de la jungle, mon ami, et si vous manquez d'estomac, mieux vaut vous tirer de là tant que vous le pouvez encore.

Je me suis tiré de là avant d'y être jamais entré. A l'orée de l'adolescence, j'avais déjà décidé que le monde des affaires devrait se passer de moi. Sans doute n'ai-je jamais été pire qu'alors, plus insupportable, plus embrouillé. Je brûlais de l'ardeur d'un idéalisme récemment découvert, et les rigueurs de la perfection à laquelle j'aspirais faisaient de moi un petit puritain néophyte. Je trouvais répugnants les atours extérieurs de la richesse, et traitais avec mépris tout signe d'ostentation introduit dans la maison par mes parents. La vie était injuste. J'étais enfin arrivé à cette conclusion et, parce que c'était ma propre découverte, elle me frappait avec toute la force d'une révélation. Les mois passant, j'éprouvais de plus en plus de difficulté à concilier ma bonne fortune avec l'infortune de tant d'autres. Qu'avais-je fait pour mériter le confort et les avantages dont j'avais été comblé ? Mon père en avait les moyens — c'était tout — et que lui et ma mère se disputassent ou non pour des questions d'argent, ce n'était qu'un point mineur en comparaison du fait qu'ils avaient, pour commencer, l'argent qui faisait l'objet de leurs disputes. Je me sentais au supplice chaque fois que je devais monter dans la voiture familiale, une si manifeste invite à l'admiration du monde devant notre prospérité.

* Allusion à la publicité télévisée passée à l'époque, pendant plusieurs années, par une agence de courtage en bourse. *(N.d.T.)*

Toutes mes sympathies allaient aux opprimés, aux dépossédés, aux laissés-pour-compte de l'ordre social, et une voiture comme celle-là me remplissait de honte — non seulement pour moi-même, mais pour le fait de vivre dans un monde qui autorisait l'existence de telles choses.

Mes premiers emplois ne comptent pas. Mes parents m'entretenaient encore, et rien ne m'obligeait à me suffire à moi-même ni à contribuer au budget familial. Il n'y avait donc aucune pression, et sans pression, il ne peut y avoir d'enjeu important. J'étais content d'avoir l'argent que je gagnais, mais je n'avais jamais à m'en servir pour des nécessités premières, je n'avais jamais à me soucier de garnir le buffet ni de payer le loyer à temps. Ces problèmes viendraient plus tard. En attendant, je n'étais qu'un lycéen en quête d'une paire d'ailes capable de l'emporter au loin.

A seize ans, j'ai passé deux mois comme serveur dans un camp de vacances au nord de l'Etat de New York. L'été suivant, j'ai travaillé dans le magasin d'appareils électroménagers de mon oncle Moe, à Westfield, New Jersey. Ces deux emplois se ressemblaient dans la mesure où la plupart des tâches étaient physiques et ne faisaient guère appel à la réflexion. S'il est un peu moins intéressant de porter des plateaux et de récurer la vaisselle que d'installer des climatiseurs ou de décharger des frigos en bas de semi-remorques, je ne voudrais pas en faire trop de cas. Il n'est pas question ici de pommes et d'oranges — mais de deux espèces de pommes, toutes deux de la même couleur verte. Si fastidieux que pût être le travail, je retirai néanmoins de ces deux emplois une immense satisfaction. Il y avait trop de personnages hauts en couleur, trop de surprises, trop de nouvelles idées à assimiler pour que je ressente de l'ennui, et je n'ai jamais eu l'impression de perdre mon temps dans le but de gagner un simple salaire. Il s'agissait d'apprendre qui j'étais et comment je trouverais ma place dans le monde.

Même au camp, où mes compagnons de travail étaient tous des lycéens de seize, voire dix-sept ans, les aides-cuisiniers venaient d'univers radicalement différents. Epaves, clochards des bas quartiers, hommes au passé louche, ils avaient été ramassés dans les rues de New York par le propriétaire du camp et persuadés d'accepter ce boulot mal payé — qui comprenait deux mois au grand air, avec le gîte et le couvert gratuits. Pour la plupart, ils ne restaient pas longtemps. Un beau jour ils disparaissaient, repartis vers la ville sans prendre la peine de faire leurs adieux. Un jour ou deux plus tard, l'homme manquant était remplacé par une autre âme en peine, qui à son tour ne durait guère. Je me souviens d'un des laveurs de vaisselle, un nommé Frank, un type sombre et revêche qui avait un sérieux problème d'alcool. D'une manière ou d'une autre, nous nous sommes liés d'amitié, et le soir après le travail nous nous installions souvent sur l'escalier derrière la cuisine pour bavarder. Frank se révéla un homme très intelligent, qui avait beaucoup lu. Il avait été agent d'assurances à Springfield,

Massachusetts, et avant d'être vaincu par la bouteille, il avait mené la vie d'un citoyen productif, d'un bon contribuable. Je me rappelle très nettement que je n'osais pas lui demander ce qui lui était arrivé, mais un soir il me le raconta néanmoins, réduisant ce qui devait avoir été une histoire compliquée à un compte rendu bref et sec des événements qui l'avaient abattu. Dans l'espace de seize mois, me dit-il, tous les gens qui avaient compté pour lui étaient morts. Il en parlait avec une apparente philosophie, presque comme s'il parlait d'un autre, et pourtant un courant d'amertume sous-tendait sa voix. D'abord ses parents, me dit-il, et puis sa femme, et puis ses deux enfants. Maladies, accidents, enterrements — et lorsqu'ils eurent tous disparu, ce fut comme si ses entrailles s'éparpillaient. « J'ai renoncé, me dit-il. Je me moquais de ce qui pouvait encore m'arriver, c'est comme ça que je suis devenu clochard. »

L'année suivante, à Westfield, j'ai fait la connaissance d'autres personnages inoubliables. Carmen, par exemple, la bibliothécaire joviale à l'embonpoint volumineux qui est à ce jour la seule femme à barbe que j'aie rencontrée (elle devait bel et bien se raser), et Joe Mansfield, l'aide-réparateur à la double hernie, avec sa Chrysler déglinguée qui avait fait trois fois le tour du compteur et atteint les trois cent soixante mille miles. Joe envoyait ses deux filles au collège et, en plus de son emploi de jour dans l'électroménager, il travaillait huit heures par nuit comme contremaître dans une boulangerie industrielle où, afin de ne pas s'endormir, il lisait des journaux illustrés à côté des immenses cuves de pâte. Il était l'homme le plus épuisé que j'ai jamais rencontré — et aussi l'un des plus énergiques. Il se maintenait en forme en fumant des cigarettes mentholées et en descendant douze à seize bouteilles de soda à l'orange par jour, mais pas une fois je ne l'ai vu se mettre en bouche un morceau de nourriture. S'il mangeait à midi, disait-il, ça le fatiguerait trop et il s'écroulerait. Les hernies étaient survenues quelques années plus tôt, un jour où lui et deux autres hommes hissaient un réfrigérateur géant dans un escalier étroit. Les deux autres avaient perdu prise, laissant Joe supporter seul toute la charge, et c'est à ce moment précis, tandis qu'il luttait pour ne pas être écrasé par les centaines de kilos qu'il soutenait, que ses glands avaient surgi de leurs gaines. D'abord l'une, racontait-il, et puis l'autre. Pop... pop. Il n'était plus censé soulever des objets lourds, mais chaque fois que nous avions à livrer un appareil particulièrement grand, il venait nous aider — juste pour s'assurer que nous ne nous fassions pas tuer.

Le *nous* comprenait un rouquin de dix-neuf ans nommé Mike, un gringalet maigre et nerveux avec un index manquant et une des langues les mieux pendues que j'avais rencontrées. Nous formions, Mike et moi, l'équipe chargée d'installer les climatiseurs, et nous passions beaucoup de temps ensemble à aller et venir dans le camion du magasin. Je ne me lassais jamais d'entendre les débordements de métaphores aussi saugrenues qu'inattendues et d'opinions extravagantes qui lui échappaient dès qu'il ouvrait la bouche. S'il trouvait l'un de nos clients trop prétentieux, par exemple, il ne disait pas « Ce type est un con » (comme diraient la plupart des gens), ni « Ce type est coincé » (comme diraient certains), mais « Ce type se comporte comme si sa merde n'avait pas d'odeur ». Le jeune Mike avait un don spécial, et à plusieurs occasions cet été-là j'ai pu constater les services qu'il lui rendait. Invariablement, nous entrions dans une maison pour installer un climatiseur, et invariablement, alors que nous étions en plein travail (en train de serrer des vis ou de mesurer les bandes servant à calfeutrer les fenêtres), une fille entrait dans la pièce. Ça ne manquait jamais, eût-on dit. Elle avait toujours dix-sept ans, était toujours jolie, toujours désœuvrée, toujours « juste en train de traînailler ». Dès qu'elle apparaissait, Mike déclenchait le charme. C'était comme s'il avait su qu'elle allait entrer, comme s'il avait déjà répété ses répliques et se sentait fin prêt. Moi, par contre, j'étais toujours pris au dépourvu et tandis que Mike se lançait dans son numéro (un combiné de déconnage, de poudre aux yeux et de culot pur), je continuais le travail en silence. Mike parlait, et la fille souriait. Mike parlait encore un peu, et la fille riait. En deux minutes, ils étaient de vieux amis, et le temps que je mette la touche finale à l'ouvrage, ils échangeaient leurs numéros de téléphone et décidaient où se retrouver le samedi soir. C'était insensé ; c'était sublime ; j'en restais bouche bée. Si ce n'était arrivé qu'une fois, ou même deux, je n'y aurais vu que coups de veine, mais cette scène a été jouée à plusieurs reprises, pas moins de cinq ou six fois dans le courant de l'été. A la fin, bon gré, mal gré, j'ai bien dû admettre que Mike avait plus que de la chance. C'était quelqu'un qui créait sa propre chance.

*

En septembre, j'entrai en classe terminale de l'école secondaire. C'était la dernière année que je passais à la maison, et ce fut aussi la dernière du mariage de mes parents. Leur rupture avait été si longue à venir que lorsque j'appris la nouvelle à la fin des vacances de Noël, je me sentis moins triste que soulagé.

Dès le début, leur couple avait été mal assorti. S'ils sont restés ensemble aussi longtemps, c'était plus « à cause des enfants » que pour eux-mêmes. Je ne prétends détenir aucune réponse, mais je soupçonne qu'un moment décisif fut celui, deux ou trois ans avant la fin, où mon père se chargea de l'approvisionnement du ménage. Ce fut la dernière grande bataille que se livrèrent mes parents à propos d'argent, et elle demeure dans ma mémoire comme la dernière goutte d'eau symbolique, l'événement qui eut finalement raison d'eux. Il était vrai que ma mère aimait remplir son caddie au supermarché du quartier jusqu'à ce qu'il soit presque trop lourd à pousser ; il était vrai qu'elle aimait rapporter les gâteries que ma sœur et moi lui demandions ; il était vrai qu'on mangeait bien chez nous et que la réserve était abondamment garnie. Mais il était vrai aussi que nous en avions les moyens et que les finances de la famille n'étaient en rien menacées par les sommes que ma mère allongeait aux caisses. Aux yeux de mon père, cependant, elle ne maîtrisait pas ses dépenses. Quand il s'en mêla enfin, ce fut une erreur, il en vint à faire ce qu'aucun homme ne devrait jamais faire à sa femme. En réalité, il la privait de sa fonction. A partir de ce moment, ce fut lui qui assuma la responsabilité de rapporter de quoi manger à la maison. Une fois, deux fois, trois fois par semaine, il s'arrêtait quelque part en rentrant du travail (comme s'il n'avait pas déjà assez à faire) et chargeait de provisions l'arrière de son break. Les viandes de qualité que choisissait ma mère furent remplacées par des bas morceaux, les produits de marque par des produits blancs. Après l'école, il n'y avait plus de petits goûters. Je ne me rappelle pas avoir entendu ma mère se plaindre, mais ce devait être pour elle une défaite colossale. Elle n'était plus responsable de sa propre maison, et le fait qu'elle ne protestât pas, qu'elle ne se défendît pas, devait signifier qu'elle avait déjà tiré une croix sur son mariage. Quand la fin arriva quelques années plus tard, ce fut sans aucun drame, sans règlement de compte bruyant, sans regrets de dernière minute. La famille se dispersa dans le calme. Ma mère emménagea dans un appartement à Weequahic, un quartier de Newark (elle nous emmenait avec elle, ma sœur et moi), et mon père resta seul dans la grande maison, où il vécut jusqu'à son dernier jour.

Avec peut-être une sorte de perversité, je me suis senti très heureux de ces événements. J'étais content que la vérité ait enfin éclaté au grand jour, et j'accueillais les bouleversements et les changements qui en résultaient comme une conséquence de cette vérité. Il y avait là comme une libération, la jubilation de savoir l'ardoise enfin effacée. Une période entière de ma vie s'achevait, et tandis que mon corps continuait d'accomplir les gestes nécessaires pour terminer mes études secondaires et aider ma mère à s'installer dans son nouvel appartement, mon esprit avait déjà décampé. Non seulement j'allais partir de la maison, mais la maison elle-même avait disparu. Il n'y avait plus d'endroit où revenir, nulle part où aller que vers le large.

Je ne pris même pas la peine d'assister à la cérémonie de fin d'études. Je donne ceci comme une preuve, un indice du peu d'importance que j'y accordais. Au moment où mes camarades de classe se paraient de leurs robes et de leurs toques pour recevoir leurs diplômes, je me trouvais déjà de l'autre côté de l'Atlantique. L'école m'avait accordé une dispense spéciale, et je m'étais payé le passage sur un bateau réservé aux étudiants qui partait de New York au début du mois de juin. Toutes mes économies furent consacrées à ce voyage. Cadeaux d'anniversaires, cadeau de fin d'études, cadeaux de barmitsva, les quelques sous que j'avais accumulés grâce à mes emplois d'été — quinze cents dollars environ, je ne me rappelle plus le montant exact. C'était l'époque de « l'Europe à cinq dollars par jour », et si on surveillait bien ses fonds, il était effectivement possible d'y arriver. J'ai passé plus d'un mois à Paris, où je logeais dans un hôtel qui coûtait sept francs par nuit (un dollar quarante) ; j'ai voyagé en Italie, en Espagne, en Irlande. En deux mois et demi, j'ai perdu plus de dix kilos. Partout où j'allais, je travaillais au roman que j'avais commencé à écrire au printemps. Grâce au ciel, le manuscrit a disparu, mais l'histoire que je me trimballais dans la tête cet été-là ne me paraissait pas moins réelle que les endroits où j'allais et les gens dont je croisais la route. J'ai fait quelques rencontres extraordinaires, surtout à Paris, mais la plupart du temps j'étais seul, parfois excessivement seul, seul au point d'entendre des voix. Dieu sait quoi penser maintenant de ce garçon de dix-huit ans. Je me revois comme une énigme, le lieu de tumultes inexplicables, une sorte de créature sans poids, aux yeux fous, légèrement dérangée sans doute, encline à des sursauts intimes désespérés, à des revirements soudains, à des pâmoisons, à des débordements d'idées. Si on me prenait du bon côté, je pouvais me montrer ouvert, charmant, carrément grégaire. Sinon, j'étais renfermé et taciturne, à peine présent. Je croyais en moi et en même temps je n'avais aucune confiance en moi. J'étais audacieux et timide, léger et maladroit, obsédé et impulsif — monument vivant à l'esprit de contradiction. Ma vie venait tout juste de commencer et déjà je me dirigeais dans deux sens à la fois. Je ne le savais pas encore, mais afin d'arriver quelque part, il me faudrait travailler deux fois plus dur que n'importe qui d'autre.

Les deux dernières semaines du voyage furent les plus étranges. Pour des raisons qui avaient tout à voir avec James Joyce et *Ulysse*, je me rendis à Dublin. Je n'avais aucun projet. Mon seul but était d'être là, et je me figurais que le reste irait de soi. L'office du tourisme me dirigea vers un *bed and breakfast* à Donnybrook, à un quart d'heure de bus du centre-ville. En dehors du couple âgé qui tenait la maison et de deux ou trois des résidants, je ne parlai pratiquement à personne pendant tout ce temps. Je ne trouvai même jamais le courage de mettre le pied dans un pub. Quelque part, au cours de mes voyages, j'avais attrapé un ongle incarné et, si dérisoire que puisse paraître cette affliction, elle ne l'était pas du tout pour moi. J'avais l'impression d'avoir la pointe d'un couteau fichée dans le gros orteil. Marcher m'était devenu un supplice et pourtant, du petit matin à la fin du jour, je ne faisais guère que marcher, boitiller dans Dublin avec mes souliers trop serrés qui se désintégraient. Je pouvais vivre avec cette douleur, constatais-je, mais l'effort que cela exigeait paraissait m'enfermer encore plus en moi-même, m'effacer en tant qu'individu social. Un vieil Américain grincheux habitait la pension en permanence — un retraité de soixante-dix ans, originaire de l'Indiana ou de l'Illinois — et sitôt qu'il eut vent de mon état, il se mit à me raconter, à m'en bourrer le crâne, comment sa mère avait laissé un ongle incarné sans soins pendant des années, en lui appliquant des remèdes de bonne femme — lotions désinfectantes, petits tampons de coton — mais sans jamais prendre le taureau par les cornes et, le croiriez-vous, elle avait attrapé un cancer du gros orteil, qui avait gagné son pied, et puis sa jambe, et puis s'était étendu à son corps entier pour enfin l'achever. Il s'étendait avec délectation sur les petits détails horribles du décès de sa mère (pour mon bien, cela va de soi) et, constatant à quel point son récit m'impressionnait, il ne se fatiguait jamais de le recommencer. Je ne nierai pas que cela m'affectait. Un bobo gênant avait été transformé en fléau menaçant ma vie et plus j'attendais pour agir, plus mes perspectives devenaient sombres. Chaque fois que l'autobus qui m'emmenait en ville passait devant l'hôpital des incurables, je détournais les yeux. Je ne pouvais me sortir de l'esprit les paroles du vieil Américain. Le destin me poursuivait, je voyais partout des signes de mort imminente.

Une ou deux fois, je fus accompagné dans mes balades par une infirmière de vingt-six ans originaire de Toronto. Elle s'appelait Pat Gray, et elle s'était installée au *bed and breakfast* le même soir que moi. Je tombai éperdument amoureux d'elle, mais c'était un béguin sans espoir, une cause perdue dès le début. Non seulement j'étais trop jeune pour elle, et non seulement j'étais trop timide pour déclarer mes sentiments, mais encore elle était éprise d'un autre — un Irlandais, bien sûr, et c'était lui la raison première de sa venue à Dublin. Une nuit, je m'en souviens, elle rentra vers minuit et demi d'un rendez-vous avec son bien-aimé. J'étais encore éveillé, occupé à noircir des pages de mon roman, et quand elle aperçut de la lumière sous ma porte, elle frappa et me demanda si elle pouvait entrer. J'étais déjà au lit, en train d'écrire dans un cahier appuyé sur mes genoux, et elle éclata de rire, les joues rosies par la boisson, débordante d'excitation. Sans me laisser le temps de dire un mot, elle m'entoura le cou de ses bras et m'embrassa, et je pensai : Miracle des miracles, mon rêve est réalisé. Mais hélas, ce n'était qu'une fausse alerte. Je n'eus même pas une chance de lui rendre son baiser avant qu'elle s'écarte de moi pour m'expliquer que son

Irlandais lui avait demandé de l'épouser et qu'elle était la fille la plus heureuse du monde. Il était impossible de ne pas se réjouir pour elle. Cette jeune femme jolie et spontanée, avec ses cheveux courts, ses yeux innocents et sa voix sérieuse de Canadienne, m'avait choisi afin de partager la bonne nouvelle. Je fis de mon mieux pour la féliciter, pour dissimuler ma déception après cette brève bouffée d'espoir totalement injustifiée, mais son baiser m'avait démoli, m'avait liquéfié les os, et le mieux que je pus faire fut d'éviter la mauvaise gaffe. Si je parvins à me maîtriser, ce ne fut qu'en me changeant en bloc de bois. Nul doute qu'un bloc de bois a de bonnes manières, mais ce n'est pas le compagnon rêvé pour une célébration.

Tout le reste était solitude, silence, marche. Je lisais dans Phoenix Park, je parcourais le Strand jusqu'à la tour Marcello de Joyce, j'ai traversé et retraversé la Liffey plus de fois que je n'en pourrais compter. Les émeutes de Watts ont eu lieu à ce moment-là, et je me rappelle avoir lu les titres des journaux dans un kiosque de la rue O'Connel, mais je me rappelle aussi une petite fille qui chantait un soir avec un orchestre de l'Armée du Salut tandis que des gens fatigués rentraient du travail — une chanson triste et plaintive où il était question de la misère humaine et des merveilles de Dieu — et sa voix résonne encore en moi, une voix cristalline à faire tomber à genoux et pleurer l'être le plus dur qui soit, et ce qu'il y avait de remarquable c'est que personne ne lui prêtait la moindre attention. La foule des heures de pointe se bousculait autour d'elle et elle, debout à son coin de rue, chantait sa chanson dans cette lumière nordique étrange et crépusculaire, aussi peu consciente des passants qu'ils l'étaient d'elle, petit oiseau en guenilles psalmodiant sa complainte aux cœurs brisés.

Dublin n'est pas une très grande ville, et il ne me fallut pas longtemps pour m'y retrouver. Il y avait un côté obsessionnel aux promenades que j'y faisais, un insatiable besoin d'errer, de dériver tel un fantôme au milieu d'inconnus, et au bout de deux semaines les rues étaient devenues pour moi quelque chose de tout à fait personnel, une carte de mon territoire intérieur. Après cela, pendant des années, chaque fois que je fermais les yeux avant de m'endormir, je revenais à Dublin. Tandis que la conscience s'écoulait de moi et que je sombrais dans un demi-sommeil, je me retrouvais là-bas, en train d'arpenter ces mêmes rues. Je n'ai pas d'explication pour cela. Il m'est arrivé là une chose importante, mais je n'ai jamais réussi à définir avec précision ce que c'était. Une chose terrible, sans doute, quelque rencontre fascinante avec mes profondeurs, comme si dans la solitude de ces journées j'avais plongé le regard dans les ténèbres et m'y étais vu pour la première fois.

Je suis entré au Columbia College en septembre, et durant quatre années, l'argent a été le dernier de mes soucis. J'ai travaillé de façon intermittente à des boulots divers, mais pendant ces années-là il n'était pas question de tirer des plans, pas question de préparer mon avenir financier. Il était question de livres, de la guerre au Viêt-nam, de l'effort d'imaginer comment faire ce que je me proposais de faire. Si je pensais le moins du monde à gagner ma vie, ce n'était que de façon capricieuse, occasionnelle. Tout au plus me voyais-je mener une sorte d'existence marginale — glaner des miettes aux confins du monde du travail, vivre la vie du poète démuni.

Les emplois que j'ai occupés quand j'étais étudiant furent instructifs, néanmoins. Ne fût-ce que parce qu'ils m'ont appris que ma préférence pour les emplois de col bleu par rapport à ceux de col blanc était fondée. Dans le courant de ma seconde année d'université, par exemple, j'ai été embauché dans un département d'une société publicitaire pour rédiger les textes de films éducatifs. J'avais subi pendant ma propre enfance un matraquage de « compléments audiovisuels », et je me souvenais de l'ennui intense qu'ils provoquaient invariablement en moi et en mes amis. C'était toujours un plaisir de sortir de la classe et de s'asseoir dans l'obscurité pour vingt ou trente minutes (comme si on allait au cinéma), mais les images saccadées sur l'écran, la voix monotone du narrateur et le « ping » intermittent qui disait à notre professeur quand appuyer sur le bouton afin de passer à l'image suivante avaient bientôt raison de nous. Avant longtemps, la pièce bourdonnait de conversations chuchotées et de fous rires nerveux mal réprimés. Une ou deux minutes plus tard, les boulettes de papier mâché commençaient à voler.

Je n'aimais pas l'idée d'imposer un tel pensum à une nouvelle génération de gamins, mais je me dis qu'en faisant de mon mieux, je verrais bien si je n'arrivais pas à y mettre un peu de vie. Le premier jour, le directeur m'enjoignit de regarder quelques-uns des films anciens de la société afin de me familiariser avec leur forme. J'en choisis un au hasard. Il était intitulé *Gouvernement*, ou *Introduction au gouvernement*, quelque chose comme ça. L'homme installa la bobine sur une machine et me laissa regarder seul le film. Au bout de deux ou trois images, je tombai sur un propos qui m'inquiéta. Les Grecs anciens ont inventé la démocratie, disait le texte, accompagné par un tableau représentant un cercle d'hommes barbus vêtus de toges. C'était très bien, mais alors il poursuivit en disant (« ping » : apparition d'une vue du Capitole) que l'Amérique est une démocratie. Je coupai la machine, parcourus le couloir et frappai à la porte du directeur. Il y a une erreur dans ce film, déclarai-je. L'Amérique n'est pas une démocratie. C'est une république. Il y a une grosse différence.

Il me regarda comme si je venais de lui annoncer que j'étais le petit-fils de Staline. C'est destiné à de petits enfants, me dit-il, pas à des universitaires. On n'a pas la place d'aller dans le détail.

Ce n'est pas un détail, répliquai-je, c'est une distinction importante. Dans une démocratie pure, chacun vote avant chaque décision. Nous élisons des représentants qui font ça pour nous. Je ne dis pas que c'est moins bien. La démocratie pure peut être dangereuse. Il faut protéger les droits des minorités, et c'est ce que fait pour nous une république. Tout cela est expliqué dans *The Federalist Papers**. Le gouvernement doit se garder de la tyrannie de la majorité. Les enfants devraient savoir ça.

La conversation s'échauffa. J'étais décidé à imposer mon point de vue, à prouver que le texte du film était erroné, mais il refusa de l'admettre. Il m'avait fiché comme emmerdeur dès l'instant où j'avais ouvert la bouche, et ce fut tout. Vingt minutes après être entré en fonction, je me retrouvais mis à la porte.

J'avais préféré de beaucoup, l'été qui avait suivi ma première année à Columbia, mon boulot de jardinier à l'hôtel *Commodore*, dans les Catskill. J'avais été embauché par l'intermédiaire de l'agence pour l'emploi de l'Etat de New York, à Manhattan, un vaste bureau gouvernemental qui trouvait du travail aux non-qualifiés et aux malchanceux, la lie de la société. Si humble et si mal payée que fût cette tâche, elle offrait du moins l'occasion de quitter la ville et d'échapper à la chaleur. Mon ami Bob Perelman et moi, nous avions signé en même temps, et le lendemain matin on nous expédiait à Monticello, New York, via la Short Line Bus Company. C'était la même organisation que j'avais vue en action trois ans auparavant, et nos compagnons de route étaient les mêmes clochards et crève-la-faim que ceux auxquels je m'étais frotté quand je travaillais comme serveur dans le camp de vacances. La seule différence était que désormais j'étais l'un d'entre eux. Le prix du trajet en bus était retenu sur la première paie, ainsi que les honoraires du bureau de placement, et

---

* Document fondateur de la Constitution américaine. *(N.d.T.)*

si on ne restait pas en place un certain temps, on ne gagnait pas un sou. Il y en avait qui n'aimaient pas le travail et qui partaient au bout de quelques jours. Ils se retrouvaient sans rien — les poches vides, à cent miles de chez eux, avec l'impression de s'être fait avoir.

Le *Commodore* était un petit établissement minable de la chaîne Borscht. Il ne pouvait se mesurer à la concurrence locale, les *Concorde* et les *Grossinger's*, et il y régnait une certaine nostalgie mélancolique, le souvenir de jours plus roses. Nous étions arrivés, Bob et moi, avec plusieurs semaines d'avance sur la saison d'été, et on nous chargea de remettre les jardins en état d'accueillir un afflux de visiteurs en juillet-août. Il y avait des pelouses à tondre, des buissons à tailler, des détritus à ramasser, des murs à peindre, des moustiquaires à réparer. On nous avait logés dans une petite cabane, une boîte déglinguée qui faisait moins de mètres carrés qu'une cabine de plage, et petit à petit nous couvrîmes de poèmes les murs de notre chambre — vers de mirliton, limericks obscènes, quatrains fleuris — en riant comme des fous tout en descendant, cul sec, d'innombrables bouteilles de Budweiser. Nous buvions de la bière parce qu'il n'y avait rien de mieux à faire, mais étant donné ce qu'on nous donnait à manger, la mousse était devenue aussi un élément indispensable de notre régime. Nous n'étions à ce moment-là qu'une douzaine environ de travailleurs sur les lieux, et on nous mettait au traitement bas de gamme en ce qui concerne la cuisine. Le menu était le même à chaque repas, midi et soir : chow mein de poulet Chung King, tel qu'il sortait de la boîte. Il y a trente ans de cela, et je préférerais encore me passer de manger que de me mettre en bouche un morceau de ce truc-là.

Rien de tout cela ne vaudrait la peine qu'on en parle s'il n'y avait eu Casey et Teddy, les deux hommes chargés de l'entretien intérieur de l'hôtel. Casey et Teddy étaient copains depuis plus de dix ans, et ils formaient une paire, une équipe indissoluble, une unité dialectique. Tout ce qu'ils faisaient, ils le faisaient en tandem, voyageant de lieu en lieu et d'un boulot à l'autre comme s'ils n'étaient qu'un. Ils étaient compères à vie, les deux doigts d'une main, camarades. Pas gays, pas le moins du monde intéressés l'un par l'autre sur le plan sexuel — camarades. Casey et Teddy étaient les classiques vagabonds américains, chemineaux de notre temps qui paraissaient sortis tout droit d'un roman de Steinbeck, et pourtant ils étaient si drôles ensemble, si facétieux, si pleins d'ivresse et de bonne humeur que leur compagnie était irrésistible. A certains moments, ils me faisaient penser à quelque duo de comédie oublié, un couple de clowns du temps du music-hall et du cinéma muet. L'esprit de Laurel et Hardy survivait en eux, mais ces deux-ci n'étaient pas soumis aux contraintes du show-business. Ils faisaient partie du monde réel, et ils se produisaient sur la scène de la vie.

Casey était le type sérieux, Teddy le fantaisiste. Casey était mince, Teddy était rond. Casey était blanc, Teddy était noir. Leur jour de congé, ils partaient ensemble en ville, se soûlaient et revenaient pour leur dîner de chow mein en arborant des coupes de cheveux identiques ou d'identiques chemises. Leur idée était de toujours dépenser tout leur argent en une seule folle virée — et de le dépenser exactement de la même façon, à égalité, sou pour sou. Les chemises demeurent dans mon souvenir un événement particulièrement tapageur. En riant comme des fous, ils apparurent dans leurs tenues jumelles, se tenant les côtes et se montrant l'un l'autre du doigt, comme s'ils venaient de jouer au monde la plus énorme des blagues. C'étaient les chemises les plus criardes, les plus laides qu'on puisse imaginer, une double insulte au bon goût, et Casey et Teddy, complètement ivres d'hilarité, nous les faisaient admirer, à Bob et à moi. Après quoi, Teddy se rendit dans la salle de bal déserte, au rez-de-chaussée du bâtiment principal, s'assit au piano et se lança dans ce qu'il appelait son *Concerto du vin de Porto*. Pendant une heure et demie, ses improvisations discordantes firent résonner dans la salle une tempête d'ébriété et de bruit. Teddy était un homme aux talents multiples, mais la musique n'en faisait pas partie. Et pourtant il restait là, heureux comme un roi dans le crépuscule, maestro dada en paix avec lui-même et avec le monde.

Il était né à la Jamaïque, me raconta-t-il, et s'était engagé dans la marine britannique pendant la Deuxième Guerre mondiale. A un moment donné, son bateau avait été coulé par une torpille. Je ne sais pas combien de temps s'écoula avant qu'on le retrouve (quelques minutes ? quelques heures ? plusieurs jours ?) mais, en tout cas, c'est un navire américain qui le repêcha. Il avait dès lors fait partie de la marine américaine, disait-il, et à la fin de la guerre il était devenu citoyen américain. Ça me paraissait un peu tiré par les cheveux, mais telle est l'histoire qu'il racontait, et qui étais-je pour la mettre en doute ? Depuis vingt ans, il semblait avoir fait tout ce qu'il est possible à un homme de faire, avoir parcouru la gamme entière des occupations. Vendeur, artiste de rue à Greenwich Village, barman, ivrogne des bas quartiers. Rien de tout cela ne comptait à ses yeux. Un grand rire de basse ronflant accompagnait chacune des anecdotes qu'il rapportait, et ce rire avait l'air d'un salut perpétuel à son propre ridicule, d'un signe rappelant que sa seule intention, avec ces récits, était de se moquer de lui-même. Il faisait des scènes dans les lieux publics, se conduisait en gamin mal élevé, passait son temps à provoquer les gens. Etre avec lui pouvait devenir épuisant, mais sa façon de créer la pagaille avait aussi un côté admirable. Elle avait un caractère quasi scientifique, comme s'il se livrait à des expériences, comme s'il secouait les choses pour le pur plaisir de voir où elles se poseraient une fois que la poussière serait retombée. Teddy était un anarchiste et, parce qu'il était également dépourvu d'ambition, parce qu'il ne désirait pas ce que les autres désirent, il n'avait jamais besoin d'observer d'autres règles que les siennes.

Je n'ai aucune idée des circonstances ni du lieu de sa rencontre avec Casey. Son compère était un personnage moins flamboyant que lui, et ce dont je me souviens le mieux à son sujet, c'est qu'il n'avait ni sens du goût ni odorat.

Casey s'était trouvé pris dans une bagarre de comptoir, quelques années auparavant, il avait reçu un coup sur la tête, et il avait depuis lors perdu ses fonctions olfactives. Il en résultait que tout avait pour lui un goût de carton. Les yeux bandés, il n'aurait pu dire ce qu'il mangeait. Chow mein ou caviar, patates ou pudding — il ne sentait aucune différence. Mis à part cette affection, Casey paraissait en pleine forme, joyeux poids moyen qui, avec son accent irlandais de New York, faisait penser à un gosse des bas-fonds. Son emploi consistait à rire des blagues de Teddy et à veiller à ce que son ami n'exagère pas et ne se fasse pas jeter en prison. Teddy faillit bien s'y retrouver un soir, cet été-là — quand, debout dans un restaurant de Monticello, il agitait le menu en criant : Je mangerai pas de cette bouffe pour chien japonaise — mais Casey le calma et nous avons tous pu finir notre repas. Soit dit en passant, je suppose qu'il n'est pas nécessaire de préciser que nous n'étions pas dans un restaurant japonais.

Selon n'importe quels critères objectifs, Casey et Teddy étaient des gens sans intérêt, une paire de sots excentriques, mais ils ont fait sur moi une impression inoubliable et je n'ai plus jamais rencontré leurs pareils. C'est pour cette raison, je crois, que je m'en allais travailler dans des endroits du genre de l'hôtel *Commodore*. Ce n'était pas que j'avais envie d'y faire carrière, mais ces petites excursions dans les décharges et les trous perdus de ce monde ne manquaient jamais de m'offrir une découverte intéressante, de compléter mon éducation de façon inattendue. Casey et Teddy en sont un exemple parfait.

J'avais dix-neuf ans quand je les ai rencontrés, et leurs faits et gestes de cet été-là nourrissent encore mon imagination.

En 1967, je m'inscrivis au *Junior Year Abroad Program** de Columbia, à Paris. Les semaines que j'y avais passées à la fin de mes études secondaires m'avaient donné de l'appétit pour cette ville, et je sautai sur l'occasion d'y retourner.

Paris était toujours Paris, mais moi je n'étais plus le même que lors de mon premier séjour.

Je venais de passer deux ans à vivre dans un délire de lectures, et des univers nouveaux m'avaient été déversés dans la tête, des transfusions capables de changer la vie avaient reconstitué mon sang. Presque tout ce qui m'importe encore dans le domaine de la littérature et de la philosophie, je l'ai découvert au cours de ces deux années. Si je considère aujourd'hui cette époque, je trouve quasi impossible d'assimiler le nombre de livres que j'ai lus. Je les dévorais en quantités stupéfiantes, je consommais des pays, des continents entiers de livres, jamais je n'en avais assez. Auteurs dramatiques élisabéthains, philosophes présocratiques, romanciers russes, poètes surréalistes : je lisais comme si mon cerveau avait pris feu, comme si ma survie même était en jeu. Une œuvre menait à une autre œuvre, une pensée à une autre pensée et, de

---

* Il s'agit d'un programme permettant aux étudiants de faire à l'étranger leur troisième (et avant-dernière) année de « collège ». *(N.d.T.)*

mois en mois, je changeais d'idées à tout propos.

Le programme se révéla très décevant. Je partais à Paris avec toutes sortes de projets grandioses, persuadé de pouvoir assister aux conférences et aux cours que je voudrais (Roland Barthes au Collège de France, par exemple), mais quand j'entrepris de discuter de ces possibilités avec le directeur du programme, il me dit tout net de les oublier. Hors de question, déclara-t-il. On attend de vous que vous appreniez la langue française, que vous passiez certains examens, que vous obteniez un certain nombre de diplômes, que vous suiviez tant d'heures de tel cours et tant de tel autre. Ça me paraissait absurde, un vrai emploi du temps pour bébés. J'ai dépassé tout ça, lui dis-je. Je parle déjà français. Pourquoi faire marche arrière ? Parce que, répliqua-t-il, telles sont les règles, et c'est comme ça.

Il se montrait si inflexible, si méprisant à mon égard, si prêt à interpréter mon enthousiasme comme de l'arrogance et à penser que je voulais l'insulter, que l'affrontement fut immédiat. Je n'avais rien contre lui en tant qu'individu, mais il paraissait résolu à transformer notre désaccord en conflit personnel. Il voulait me rabaisser, m'écraser de son pouvoir et plus la conversation durait, plus je me sentais lui résister. Finalement, le moment vint où j'en eus assez. Bon, dis-je, si c'est comme ça, j'abandonne. J'abandonne le programme, j'abandonne le collège, j'abandonne tout ce foutu truc. Là-dessus je me levai de ma chaise, lui serrai la main et sortis de son bureau.

C'était de la folie d'agir ainsi. La perspective de ne pas obtenir ma licence ne m'inquiétait guère, mais tourner le dos au collège signifiait que je perdais automatiquement mon sursis d'étudiant. Alors que les envois de troupes au Viêt-nam augmentaient dans des proportions alarmantes, je m'étais soudain mis en situation d'être mobilisé. Ça n'aurait pas été trop grave si j'avais été partisan de la guerre, mais je ne l'étais pas. J'étais contre, et rien ne me ferait jamais m'y battre. Si on essayait de m'incorporer dans l'armée, je refuserais d'y aller. Si on m'arrêtait, j'irais en prison. C'était une décision catégorique, une résolution absolue, inébranlable. Je ne prendrais pas part à la guerre. Même si cela signifiait la ruine de mon existence, je ne le ferais pas.

Et pourtant, j'ai bel et bien abandonné le collège. Je n'en éprouvais aucune crainte, pas le moindre frémissement d'hésitation ni de doute, et j'ai fait le plongeon les yeux ouverts. Je m'attendais à ce que la chute soit rude, mais il n'en fut rien. Au contraire, je me suis retrouvé flottant en l'air telle une plume et pendant quelques mois je me suis senti plus libre et plus heureux que je ne l'avais jamais été.

J'habitais un petit hôtel rue Clément, juste en face du marché Saint-Germain, un marché couvert qui a depuis longtemps été désaffecté. C'était un établissement bon marché mais propre, plusieurs crans au-dessus de l'hôtel pouilleux où j'avais logé deux ans plus tôt, et le jeune couple de gérants me témoignait une extrême gentillesse. L'homme s'appelait Gaston (trapu, petite moustache, chemise blanche et éternel tablier noir) et il passait le plus gros de son temps à servir les clients dans le café du rez-de-chaussée, un trou minuscule qui faisait à la fois office de lieu de rencontre pour les gens du quartier et de bureau de réception de l'hôtel. C'était là que je prenais mon café du matin, que je lisais les journaux et que je devins un adepte du billard électrique. J'ai beaucoup marché durant ces mois-là, comme je l'avais fait à Dublin, mais j'ai aussi passé des heures innombrables en haut, dans ma chambre, à lire et à écrire. La plus grande partie du travail que j'ai accompli alors a disparu, mais je me souviens que j'écrivais des poèmes et que j'en traduisais, et aussi que j'ai composé un long scénario épuisant de complexité pour un film muet (mi-Buster Keaton, mi-danse à claquettes philosophique). En plus de toutes mes lectures des deux années précédentes, j'avais beaucoup été au cinéma, surtout au Thalia et au New Yorker, qui se trouvaient sur Broadway, assez près de Morningside Heights pour être accessibles à pied. Le Thalia offrait un double programme différent chaque jour, et le tarif étudiant n'étant que de cinquante *cents*, j'avais fini par y passer autant de temps que dans les salles de cours de Columbia. Je découvris que Paris était mieux encore que New York pour ce qui est du cinéma. Je devins un habitué de la Cinémathèque ainsi que des salles de répertoire de la rive gauche, et au bout de quelque temps cette passion m'envahit à tel point que je commençai à jouer avec l'idée de devenir réalisateur. J'ai même été jusqu'à m'informer de la possibilité d'entrer à l'IDHEC, mais les formulaires d'inscription se révélèrent si denses et si décourageants que je ne pris jamais la peine de les remplir.

Quand je n'étais ni dans ma chambre ni assis dans une salle de cinéma, je flânais dans des librairies, je mangeais dans des restaurants bon marché, je rencontrais toutes sortes de gens, je faisais l'expérience de la chtouille (très pénible) et, d'une manière générale, j'exultais du choix que j'avais fait. Il serait difficile d'exagérer en évoquant mon bonheur pendant ces quelques mois. Je me sentais à la fois stimulé et en paix avec moi-même et, bien que conscient que mon petit paradis devrait avoir une fin, je faisais tout ce que je pouvais pour le faire durer, pour retarder le plus longtemps possible le moment fatidique.

Je réussis à tenir jusqu'à la mi-novembre. Lorsque je rentrai à New York, le semestre d'automne à Columbia était à moitié écoulé. Je pensais n'avoir aucune chance d'être réintégré en tant qu'étudiant, mais j'avais promis à mes parents de revenir en discuter avec l'université. Ils se faisaient du souci pour moi, après tout, et j'estimais que je leur devais au moins ça. Cette corvée accomplie, je comptais repartir pour Paris et me mettre à y chercher du travail. Au diable la conscription, me disais-je. Si je dois devenir un « fugitif devant la loi », eh bien, soit.

Rien ne se passa selon mes prévisions. Je pris rendez-vous pour rencontrer l'un des doyens de Columbia, et cet homme se révéla si sympathique, si complètement de mon côté, qu'il abattit mes défenses en l'affaire de quelques minutes. Non, me dit-il, il ne pensait pas que je me conduisais comme un sot. Il comprenait ce que je faisais, et il admirait l'esprit de mon entreprise. D'autre part, il y avait la question de la guerre, poursuivit-il. Columbia ne désirait pas me voir devenir soldat si je ne le voulais pas, et moins encore finir en prison pour avoir refusé d'être soldat. Si j'avais envie de reprendre le collège, la porte était ouverte. Je pouvais recommencer dès le lendemain à assister aux cours, et il en serait officiellement comme si je n'avais jamais manqué un jour.

Comment discuter avec un tel homme ? Ce n'était pas un fonctionnaire qui se contente de faire son boulot. Il parlait avec trop de calme pour cela et écoutait avec trop d'attention ce que je disais, et je ne fus pas long à comprendre qu'il n'était animé que du désir sincère d'empêcher un gamin de vingt et un ans de faire une bêtise, de persuader quelqu'un de ne pas foutre sa vie en l'air sans nécessité. Le temps ne manquerait pas pour cela par la suite, n'est-ce pas ? Il n'était pas très âgé — trente, trente-cinq ans, peut-être — et je me souviens encore de son nom, bien que je ne l'aie jamais revu. Le doyen Platt. Quand l'université a fermé ce printemps-là à cause de la grève des étudiants, il a démissionné en signe de protestation contre la façon dont l'administration avait traité l'affaire. J'ai entendu dire qu'il était allé travailler pour les Nations unies.

Les désordres à Columbia durèrent du début de 1968 à la remise des diplômes de ma classe, en juin de l'année suivante. L'activité normale fut pratiquement arrêtée durant cette période.

Le campus devint zone de manifestations, de sit-in et de moratoires. Il y eut des émeutes, des descentes de police, des passages à tabac et des querelles entre factions. Les excès rhétoriques abondaient, on traçait des lignes idéologiques, les passions débordaient de tous côtés. Chaque fois qu'il y avait une accalmie, un nouveau sujet de discussion apparaissait, et l'agitation recommençait. Au bout du compte, rien de bien important ne fut accompli. On changea l'emplacement proposé pour un gymnase universitaire, on abandonna un certain nombre de spécifications académiques, le président démissionna et fut remplacé par un nouveau président. Ce fut tout. En dépit des efforts de milliers de gens, la tour d'ivoire ne s'effondra pas. Mais, tout de même, elle vacilla quelque temps, et quelques-unes de ses pierres s'écroulèrent et tombèrent à terre.

J'ai pris part à certaines choses et gardé mes distances quant à d'autres. J'ai aidé à occuper l'un des bâtiments du campus, j'ai été bousculé par les flics et j'ai passé une nuit en prison, mais je suis surtout resté spectateur, compagnon de route sympathisant. Si grande que fût mon envie de participer, je me suis découvert un tempérament inadapté aux activités de groupe. Mes instincts de solitaire étaient trop bien chevillés, et je ne suis jamais vraiment arrivé à m'embarquer sur le grand navire *Solidarité*. Pour le meilleur ou pour le pire, j'ai continué à pagayer dans mon petit canoë — un peu plus désespéré, sans doute, un peu moins sûr de savoir où j'allais, mais beaucoup trop obstiné pour en sortir. Je n'en aurais sans doute pas eu le temps, de toute façon. Je naviguais au milieu de rapides, et toute ma force me suffisait à peine pour me cramponner à la pagaie. Si j'avais hésité, il est très probable que je me serais noyé.

Ce fut le cas de certains. Certains sont devenus les victimes de leur propre vertu et de leurs nobles intentions, et les pertes humaines ont été catastrophiques. Ted Gold, qui était dans la classe au-dessus de la mienne, s'est fait sauter en mille morceaux dans un immeuble de pierres brunes du West Village quand la bombe qu'il construisait s'est déclenchée par accident. Mark Rudd, un ami d'enfance et mon voisin en résidence universitaire, s'est enrôlé dans le *Weather Underground** et a vécu dans la clandestinité pendant plus de dix années. Dave Gilbert, porte-parole du *SDS**, dont les discours m'impressionnaient comme des modèles de perspicacité et d'intelligence, est aujourd'hui en prison, condamné à soixante-quinze ans de détention pour avoir été impliqué dans le hold-up de la Brinks*. Dans le courant de l'été 1969, je suis entré dans un bureau de poste, à l'ouest du Massachusetts, avec une amie qui devait envoyer une lettre. Pendant qu'elle faisait la queue, j'ai examiné les photos affichées au mur des dix hommes les plus recherchés par le FBI. Il se trouve que je connaissais sept d'entre eux.

---

* Le *SDS (Students for a Democratic Society)* était un mouvement estudiantin de gauche ; *le Weather Underground* en était une émanation activiste clandestine, dont le nom — *weather*, le temps qu'il fait — était inspiré d'une chanson de Bob Dylan ; cette organisation a été responsable du hold-up d'un camion de transport de fonds de la société Brinks au cours duquel un des convoyeurs a été tué. *(N.d.T.)*

Tel fut le climat de mes deux dernières années de collège. Malgré les désordres et l'incessante effervescence, j'avais réussi à écrire un assez grand nombre de pages, mais aucun de mes efforts n'avait abouti à grand-chose. J'ai commencé deux romans et les ai abandonnés, écrit plusieurs pièces que je n'aimais pas, travaillé à un poème après l'autre avec des résultats généralement décevants. Mes ambitions étaient à cette époque très supérieures à mes capacités, et j'éprouvais souvent un sentiment de frustration, une accablante impression d'échec. Le seul accomplissement dont je me sentais fier était mes traductions de poésie française, mais elles représentaient une entreprise secondaire, assez loin de ce que j'avais en tête. Et pourtant je ne devais pas être tout à fait découragé. J'ai continué à écrire, après tout, et quand j'ai commencé à publier des articles au sujet de livres et de films dans le *Columbia Daily Spectator*, je me suis bel et bien mis à voir assez souvent mon travail imprimé. Il faut bien commencer quelque part, j'imagine. Je n'avançais sans doute pas aussi vite que je l'aurais désiré, mais au moins j'avançais. Je me tenais sur mes pieds et j'avançais, pas à pas, en vacillant, car je n'avais pas encore appris à courir.

Quand je me retourne vers cette époque, maintenant, je me vois en fragments. De nombreuses batailles avaient lieu en même temps, et des parties de moi, éparpillées sur un vaste champ, luttaient chacune avec un ange différent, une tendance différente, une idée différente de ce que j'étais. Cela m'amenait parfois à des comportements qui n'étaient pas du tout dans mon caractère. Je me transformais en quelqu'un que je n'étais pas, j'essayais de porter pour un temps une autre peau, j'imaginais m'être réinventé. Le fat morose et contemplatif se métamorphosait en un cynique volubile. L'intellectuel studieux au zèle excessif, en une volte-face soudaine, adoptait Harpo Marx pour père spirituel. Je pourrais citer plusieurs exemples de ces bourdonnements grotesques, mais celui qui rend le mieux l'esprit de ce temps est un petit canular que j'ai fait paraître dans The *Columbia Review,* le magazine littéraire du collège. Pour des raisons qui m'échappent totalement aujourd'hui, j'ai pris l'initiative de lancer le premier « prix annuel Christopher-Smart ». J'étais alors en dernière année, et les règles du concours furent publiées à la dernière page du numéro d'automne. Je pique au hasard quelques phrases dans le texte : « Le but de ce concours est de faire reconnaître les grands anti-hommes de notre temps... des hommes de talent qui ont renoncé à toutes les ambitions mondaines, qui ont tourné le dos aux banquets des riches... Nous avons choisi Christopher Smart comme modèle... cet Anglais du XVIIIe siècle a méprisé la gloire facile qui l'attendait en tant qu'inventeur de couplets rimés... pour une vie d'ivresse, de démence, de fanatisme religieux et d'écrits prophétiques. Dans l'excès il a trouvé sa vraie voie, dans le rejet des promesses faites à ses débuts aux poètes académiques d'Angleterre, il a réalisé sa propre grandeur. Honni et ridiculisé depuis deux siècles... sa réputation traînée dans la boue... Christopher Smart a été relégué dans les sphères des inconnus. Nous tentons aujourd'hui, en notre âge sans héros, de ressusciter son nom. »

L'objet du concours était de récompenser l'échec. Non pas les revers et vicissitudes quotidiens et ordinaires, mais les effondrements catastrophiques, les actes gargantuesques d'auto-sabotage. En d'autres termes, je voulais désigner la personne qui avait fait le moins avec le plus, qui était partie avec tous les avantages, tous les talents, toutes les espérances de succès aux yeux du monde, et qui n'était arrivée à rien. Les participants étaient priés de rédiger un texte d'une cinquantaine de mots ou plus décrivant leur insuccès ou celui de quelqu'un qu'ils connaissaient. Le lauréat recevrait un coffret contenant les deux volumes des *Œuvres complètes* de Christopher Smart. Nul ne fut surpris, sauf moi, que personne ne pose sa candidature.

C'était une plaisanterie, bien entendu, un exercice de mystification littéraire, mais sous mes intentions humoristiques se cachait quelque chose de troublant, quelque chose de pas drôle du tout. Pourquoi vouloir ainsi sanctifier l'échec ? Pourquoi ce ton moqueur, arrogant, cette pose de je-sais-tout ? Je peux me tromper, mais il me semble maintenant que tout cela exprimait la peur — la crainte de l'avenir incertain que je m'étais préparé — et que ma vraie motivation en organisant ce concours était de m'en déclarer moi-même vainqueur. Ce règlement farfelu, cinglé, était une façon de répartir mes risques, d'éviter les coups que l'existence me réservait. Perdre devenait gagner, gagner devenait perdre, et par conséquent, si le pire venait à se produire, je pourrais prétendre à la victoire morale. Piètre consolation, sans doute, mais il est évident que déjà je m'accrochais à des fétus. Plutôt que d'exprimer ma peur ouvertement, je l'enterrais sous une avalanche de facéties et de sarcasmes. Rien de tout cela n'était conscient. J'essayais de m'accommoder d'avance de défaites à venir, de m'endurcir en vue des combats qui m'attendaient.

Il se trouve que j'ai bel et bien rencontré Christopher Smart. Pas le vrai Christopher Smart, sans doute, mais l'une de ses réincarnations, un vivant exemple d'espérances flétries et de fortune littéraire bousillée. C'était au printemps de ma dernière année de collège, quelques semaines avant la remise des diplômes. Tombé on ne savait d'où, un homme s'amena sur le campus de Columbia et se mit à provoquer des remous. Au début je n'étais qu'à peine conscient de sa présence, mais de petits fragments des histoires qui circulaient à son propos arrivaient parfois jusqu'à moi. J'avais entendu dire qu'il se faisait appeler « Doc », par exemple, et que pour d'obscures raisons qui avaient quelque chose à voir avec le système économique américain et avec l'avenir de l'humanité, il distribuait de l'argent à des inconnus, sans contrepartie. Avec tous les agissements saugrenus qui étaient dans l'air de cette époque, je n'y prêtai guère attention.

Un soir, deux de mes amis me persuadèrent de les accompagner à Times Square pour voir le dernier western spaghetti de Sergio Leone. Après la fin du film, nous décidâmes de terminer la soirée par un peu de rigolade et nous rendîmes au *Metropole Café*, à l'angle de Broadway et de la 48ᵉ Rue. Le *Métropole* avait été autrefois un club de jazz de qualité, mais c'était devenu un bar *topless*, avec tous les accessoires : murs couverts de miroirs, éclairages stroboscopiques, et une demi-douzaine de filles en strings étincelants qui dansaient sur une estrade surélevée. Nous prîmes une table dans un coin reculé et commençâmes à boire. Lorsque nos yeux se furent habitués à l'obscurité, l'un de mes amis repéra « Doc » assis tout seul dans le coin opposé de la pièce. Mon ami alla lui demander de se joindre à nous, et quand ce mystérieux bonhomme barbu et quelque peu échevelé s'assit à côté de moi en marmonnant quelque chose à propos de Gene Krups et de « qu'est-ce qu'on a foutu de cet endroit », je détournai un instant les yeux des danseuses pour serrer la main au romancier légendaire et oublié, H. L. Humes.

Il avait été l'un des fondateurs de la *Paris Review,* dans les années cinquante, avait publié avec succès deux premiers livres *(Underground City* et *Men Die)* et puis, alors même qu'il commençait à se faire un nom, il s'était volatilisé. Il avait disparu de la carte littéraire, et on n'avait jamais plus entendu parler de lui.

Je ne connais pas toute l'histoire, mais les bribes et morceaux que je l'ai entendu raconter suggéraient une série de coups durs, une longue suite de revers et de malheurs. Il était question de thérapie de choc, d'un mariage raté, de plusieurs séjours en hôpitaux psychiatriques. Selon lui, il avait été obligé d'arrêter d'écrire pour des raisons physiques — pas par choix. Le traitement par électrochoc lui avait démoli l'organisme, disait-il, et chaque fois qu'il saisissait un stylo, ses jambes se mettaient à enfler, ce qui provoquait une douleur intolérable. La parole écrite ne lui étant plus accessible, il lui fallait désormais compter sur le discours parlé pour lancer son « message » au monde. Ce soir-là, il donna une démonstration complète de la maîtrise totale qu'il avait acquise sur ce nouveau moyen de communication. D'abord dans le bar *topless*, et ensuite tandis que nous remontions Broadway sur près de soixante-dix rues jusqu'à Morningside Heights, il ne cessa de parler comme un moulin, discourant, divaguant, nous cassant les oreilles avec un monologue qui ne ressemblait à rien de ce que j'avais entendu auparavant. C'était le boniment d'un néo-prophète hippie visionnaire, un flot intarissable de paranoïa et d'intelligence, une folle navigation mentale qui rebondissait de réalité en métaphore puis en spéculation avec tant de rapidité et de façon si imprévisible qu'on en restait confondu, incapable de placer un mot. Il était venu à New York en mission, nous déclara-t-il. Il y avait quinze mille dollars dans sa poche, et si ses théories concernant la finance et les structures du capitalisme étaient correctes, il pourrait se servir de cet argent pour abattre le gouvernement américain.

C'était très simple, en vérité. Son père venait de mourir, laissant à Doc en héritage la somme mentionnée ci-dessus, et plutôt que de dilapider cet argent à son propre usage, notre ami se proposait de le donner. Ni en bloc, ni à une œuvre de charité ou une personne en particulier, mais à tout le monde, à l'univers entier en même temps. A cet effet, il s'était rendu à la banque, avait encaissé le chèque et l'avait converti en liasses de billets de cinquante dollars. Avec ces trois cents portraits d'Ulysses S. Grant en guise de cartes de visite, il allait se faire connaître de ses frères conspirateurs et déchaîner la plus grande révolution économique de l'Histoire. L'argent est une fiction, après tout, du papier sans valeur qui n'en acquiert que dans la mesure où un grand nombre de personnes décident de lui en attribuer. Le système est fondé sur la foi. Non sur la vérité, ni sur la réalité, mais sur la croyance collective. Et qu'arriverait-il si on sapait cette foi, si un grand nombre de personnes se mettaient soudain à douter du système ? Théoriquement, le système s'effondrerait. Tel était, en deux mots, l'objet de l'expérience de Doc. Les billets de cinquante dollars qu'il distribuait à des inconnus n'étaient pas que des cadeaux, c'étaient des armes dans son combat pour édifier un monde meilleur. Il voulait donner sa prodigalité en exemple, prouver que l'on peut rompre le charme, se libérer l'esprit de l'emprise de l'argent. Chaque fois qu'il déboursait un nouveau paquet d'espèces, il recommandait aux récipiendaires de le dépenser aussi vite qu'ils pourraient. Dépensez-le, donnez-le, faites-le circuler, ordonnait-il, et dites aux suivants d'en faire autant. Du jour au lendemain, une réaction en chaîne se produirait, et avant qu'on ait pu s'en apercevoir, les billets de cinquante voltigeraient dans les airs en telle quantité que le système se mettrait à tourner fou. Des ondes naîtraient, des charges de neutrons issues de milliers, voire de millions de sources différentes ricocheraient dans toute la pièce, telles de petites balles de caoutchouc. Dès que leur vitesse et leur élan seraient devenus suffisants, elles acquerraient la force de boulets et les murs commenceraient à craquer.

Je ne peux pas dire dans quelle mesure il y croyait réellement. Même dérangé, un homme de son intelligence ne pouvait pas ne pas reconnaître une idée stupide quand il l'entendait. Il n'alla jamais jusqu'à l'exprimer ouvertement, mais je pense qu'il était conscient de radoter. Cela ne l'empêchait pas d'y prendre plaisir, bien entendu, ni de pérorer à propos de son projet chaque fois qu'il en avait l'occasion, mais dans un esprit qui relevait plus d'une super-comédie que d'une véritable attitude politique. H. L. Humes n'était pas un quelconque schizo aux ordres d'un poste de commandement martien. C'était un écrivain ravagé, consumé, qui s'était échoué sur les hauts-fonds de sa propre conscience et qui, plutôt que d'abandonner et de renoncer à la vie, avait fabriqué cette petite farce afin de se remonter le moral. L'argent lui avait redonné un public et, du moment que des gens le regardaient, il devenait inspiré, fou, un véritable homme-orchestre. Il caracolait comme un bouffon, faisait la roue, sautait dans les flammes et se tirait lui-même au canon — et, selon toutes les apparences, il adorait ça.

Ce soir-là, en remontant Broadway avec mes amis et moi, il joua un jeu spectaculaire. Entre des cascades de mots, des aboiements de rire et des bouffées de musique cosmologique, il faisait volte-face, commençait à interpeller des inconnus, s'interrompait en pleine phrase pour plaquer encore un billet de cinquante dollars dans la paume d'un passant qu'il exhortait à le dépenser sans souci du lendemain. La rue fut saisie de turbulence, cette nuit-là, et Doc en était l'attraction majeure, le joueur de flûte du chaos. Il était impossible de ne pas se laisser prendre, et je dois reconnaître que je trouvais sa performance très amusante. Néanmoins, alors que nous approchions de la fin du trajet et que j'étais presque rendu, j'ai fait une grosse bêtise. Il devait être une ou deux heures du matin, à ce moment-là. Quelque part à ma droite, j'ai entendu Doc marmonner comme pour lui-même : « L'un de vous aurait-il un coin où pieuter ? » Et il disait cela avec tant de détachement et de nonchalance, avec une si profonde indifférence aux choses de ce monde que je n'y ai pas réfléchi à deux fois. « Bien sûr, ai-je répondu, tu peux dormir sur mon canapé si tu veux. » Inutile de dire qu'il a accepté mon invitation. Inutile de dire que, je ne soupçonnais pas dans quoi je m'aventurais.

Ce n'est pas que je ne l'aimais pas, ni que nous ne nous entendions pas. Pendant les deux premiers jours, à vrai dire, les choses se passèrent plutôt bien. Doc s'était installé sur le canapé et n'en bougeait que rarement, mettait rarement ses plantes de pied en contact avec le sol. En dehors d'un passage éventuel à la salle de bains, il ne faisait rien que rester assis, manger de la pizza, fumer de la marijuana et parler. Je lui achetais les pizzas (avec son argent) et, après que je lui eus répété cinq ou six fois que l'herbe ne m'intéressait pas, il avait fini par m'entendre et cesser de m'en proposer. Son discours, lui, était incessant, le même répertoire d'improvisations échevelées qu'il avait déployé le premier soir, avec cependant des arguments plus amples, plus charnus, plus pertinents. Les heures passaient, et ses lèvres n'arrêtaient pas de remuer. Si je me levais et quittais la chambre, il continuait à parler, à exposer ses idées au mur, au plafond, aux lampes, en remarquant à peine que je n'étais plus là.

Il n'y aurait pas eu de problème si l'appartement avait été un peu plus grand. Mais il n'y avait que deux pièces et une cuisine et, ma chambre étant trop petite pour contenir autre chose qu'un lit, ma table de travail était installée dans le salon — où se trouvait aussi le canapé. Avec Doc vautré en permanence sur ce canapé, il m'était pratiquement impossible de mener à bien la moindre tâche. Le semestre de printemps tirait à sa fin, j'avais une série de textes à rédiger afin d'achever mes cours et d'obtenir mon diplôme, et pendant les deux premiers jours je n'essayai même pas. Je me disais que j'avais un peu de marge et par conséquent je ne paniquais pas. Doc partirait bientôt et dès que j'aurais récupéré mon bureau, je pourrais me remettre au travail. Le matin du troisième jour, cependant, je compris que mon hôte n'avait aucune intention de s'en aller. Ce n'était pas qu'il abusât volontairement de mon hospitalité ; l'idée de partir ne lui était simplement pas venue à l'esprit. Que fallait-il faire ? Je n'avais pas le cœur à le mettre dehors. J'avais déjà trop pitié de lui, et jamais je n'aurais trouvé le courage d'agir avec une telle dureté.

Les quelques jours qui suivirent furent extrêmement difficiles. Je faisais de mon mieux pour m'en accommoder, pour voir si quelques ajustements mineurs pouvaient améliorer la situation. A la fin, les choses auraient pu s'arranger, je ne sais pas, mais trois ou quatre jours après que j'avais cédé ma chambre à Doc et pris le salon pour moi, le désastre éclata. Cela se produisit l'un des plus beaux dimanches dont je me souvienne, et ce n'était la faute de personne, sinon la mienne. Un ami vint m'inviter à un match de basket en plein air, et plutôt que de laisser Doc seul dans l'appartement, je l'emmenai avec moi. Tout se passa bien. Je participai au match tandis que lui, assis au bord du terrain, écoutait la radio et bavardait tout seul ou avec mes amis, selon qui était à sa portée. Et puis, le soir, sur le chemin du retour, quelqu'un nous aperçut dans la rue. « Ah ! s'exclama cette personne, voilà où il se cachait. » C'était quelqu'un que je n'avais jamais particulièrement aimé, et quand je lui demandai de garder pour lui l'adresse de Doc, je me rendis compte que j'aurais aussi bien pu parler à un réverbère. Et en effet, la sonnerie de mon appartement commença à retentir dès le lendemain matin. La célébrité du campus était retrouvée, et après sa mystérieuse absence d'une semaine, H. L. Humes ne se sentait que trop content de faire plaisir à ses disciples. Toute la journée, des groupes de jeunes gens de dix-neuf et vingt ans envahirent mon appartement pour s'asseoir par terre et écouter Doc leur inculquer sa sagesse tordue. Il était le roi philosophe, le pacha métaphysicien, le saint homme bohème qui perçait à jour les mensonges enseignés par leurs professeurs, et ils ne s'en lassaient pas.

J'enrageais. Mon appartement était devenu une salle de réunion permanente, et quelle que fût mon envie d'en considérer Doc comme responsable, je savais que ce n'était pas sa faute. Ses acolytes étaient venus de leur propre chef, sans invitations ni rendez-vous, et dès lors que les foules avaient commencé à se rassembler, je ne pouvais pas plus lui demander de les faire partir que prier le soleil de cesser de briller. Parler était sa raison d'être. C'était son ultime défense contre l'oubli et, parce que ces jeunes gens se rassemblaient autour de lui, parce qu'ils s'asseyaient à ses pieds, suspendus à ses moindres mots, il pouvait momentanément s'offrir l'illusion que tout n'était pas perdu pour lui. Je n'y voyais pas d'inconvénient. En ce qui me concernait, il pouvait parler sans discontinuer jusqu'au siècle à venir. Simplement, je n'avais pas envie qu'il fît cela chez moi.

Déchiré entre la compassion et l'écœurement, j'ai trouvé un compromis de lâche. C'était pendant une des rares accalmies de cette période, à un moment où il n'y avait dans l'appartement aucun visiteur imprévu. J'ai dit à Doc qu'il pouvait rester — et que ce serait moi qui dégagerais. J'avais une masse de travail à faire, lui ai-je expliqué, et plutôt que de le mettre à la rue avant qu'il ait trouvé où habiter ailleurs, j'irais chez ma mère à Newark pour rédiger mes articles. Dans une semaine exactement, je reviendrais, et à mon retour je comptais qu'il serait parti. Doc m'a écouté avec attention lui exposer ce projet. Quand j'ai eu fini, je lui ai demandé s'il comprenait. « Je pige, vieux, m'a-t-il répondu de sa voix la plus calme et la plus rauque de jazzman, c'est cool », et ce fut tout. Nous sommes passés à d'autres sujets et quelque part au cours de la conversation, cette nuit-là, il m'a raconté que plusieurs années auparavant, quand il était jeune homme, à Paris, il lui était arrivé de jouer aux échecs avec Tristan Tzara. C'est l'un des rares faits concrets dont j'ai gardé le souvenir. Avec le temps, presque tout ce que j'avais entendu de la bouche de H. L. Humes a disparu. Je me souviens du son de sa voix, mais de très peu de ce qu'il disait. Tous ces grands marathons verbaux, ces marches forcées à travers les hinterlands de la raison, ces heures innombrables passées à l'écouter détailler ses intrigues, conspirations et correspondances secrètes — tout cela s'est estompé. Les mots ne sont plus désormais qu'un bourdonnement dans mon cerveau, un inintelligible essaim de néant.

Le lendemain matin, comme je préparais mon sac et m'apprêtais à partir, il essaya de me donner de l'argent. Je refusai son offre, mais il insistait, en effeuillant sa liasse de billets de cinquante, tel un joueur sur un champ de courses, il me répétait de le prendre, disait que j'étais un bon gosse, que nous devions « partager la richesse », et à la fin je cédai à la pression et acceptai trois cents dollars. Je m'en suis voulu terriblement, alors, et je m'en veux encore aujourd'hui. J'avais espéré demeurer au-dessus de tout cela, résister à la tentation de prendre part au jeu pathétique qu'il jouait, et pourtant dès que mes principes ont été mis à l'épreuve, j'ai succombé et me suis laissé emporter par la convoitise. Trois cents dollars faisaient une grosse somme, en 1969, et l'attrait de cet argent s'est révélé plus fort que moi. J'ai empoché les billets, serré la main de Doc en lui disant au revoir et filé en hâte. Quand je suis revenu, une semaine plus tard, l'appartement était propre comme un sou neuf et on ne voyait aucune trace de Doc. Il était parti, comme il l'avait promis.

Je ne l'ai revu qu'une fois, après cela. C'était un an plus tard, environ, et je remontais du centre-ville dans le bus n° 4. Au moment où nous tournions dans la 110e Rue, je l'ai aperçu par la fenêtre, debout à l'angle de la Cinquième Avenue et du côté nord de Central Park. Il avait triste mine. Ses vêtements étaient chiffonnés, il paraissait sale et ses yeux avaient une expression hagarde et vide qu'on ne leur voyait pas auparavant. Il s'est mis aux drogues dures, me suis-je dit. Et puis, le bus a avancé et je l'ai perdu de vue. Pendant des jours et des semaines, je me suis attendu à le revoir, mais cela ne s'est jamais produit. Vingt-cinq années sont passées et puis, il y a cinq ou six mois à peine, en ouvrant le *New York Times*, je suis tombé dans la chronique nécrologique sur un petit article annonçant sa mort.

Petit à petit, j'ai appris à improviser, je me suis entraîné à encaisser les coups. Pendant mes deux dernières années à Columbia, j'ai accepté toutes sortes de boulots en free-lance et j'ai pris goût progressivement au genre de basses besognes littéraires qui allaient me maintenir à flot jusqu'à trente ans — et qui finirent par causer ma chute. Il y avait là comme un attrait romanesque, je crois, un désir de m'affirmer en tant qu'outsider et de prouver que je pouvais me débrouiller seul sans m'incliner devant l'idée que se faisaient les autres de ce qui constituait la bonne vie. Ma vie serait bonne si, et seulement si, je m'en tenais à mes armes et refusais de céder. L'art était sacré, et répondre à son appel signifiait accepter tous les sacrifices exigés, préserver jusqu'au bout la pureté de ses desseins.

La connaissance du français était un avantage. Ce n'était pas un talent très rare, mais je le possédais suffisamment pour qu'on me confie certains petits boulots de traduction. Des textes sur l'art, par exemple, et un document particulièrement ennuyeux de l'ambassade de France, concernant la réorganisation de son personnel, qui ronronnait sur plus de cent pages. J'ai aussi donné des leçons particulières à une lycéenne, et pendant tout un printemps j'ai traversé la ville chaque samedi matin afin de lui parler de poésie ; et une autre fois, j'ai été embauché par un ami (sans rétribution) pour me tenir sur un podium en plein air en compagnie de Jean Genet et traduire son discours en faveur des *Black Panthers*. Genet se baladait avec une fleur rouge calée derrière l'oreille, et il ne cessa pratiquement pas de sourire de tout le temps qu'il passa sur le campus de Columbia. New York semblait le rendre heureux, et il réagit avec beaucoup de pondération à l'attention dont il fut l'objet ce jour-là. Un soir, peu de temps après, je tombai sur quelqu'un que je connaissais au *West-End*, le vieil abreuvoir estudiantin à l'angle de Broadway et de la 114e Rue. Il me raconta qu'il venait de commencer à travailler pour un éditeur de pornographie, et que si je voulais m'essayer à l'écriture d'un livre cochon, on les payait quinze cents dollars par roman. Je me sentis tout disposé à faire une tentative, mais mon inspiration flancha au bout de vingt ou trente pages. Il n'y a qu'un certain nombre de façons de décrire cette seule chose, découvrais-je, et mon stock de synonymes fut bientôt épuisé. Je me mis donc plutôt à la rédaction de critiques de livres — pour une publication réalisée un peu n'importe comment à l'intention des étudiants. Sentant que ce magazine n'avait guère d'avenir, je signais mes articles d'un pseudonyme, pour le simple intérêt de la chose. Quinn était le nom que je m'étais choisi, Paul Quinn. Les honoraires, je m'en souviens, étaient de vingt-cinq dollars par article.

Quand les résultats du tirage au sort pour l'armée furent annoncés, à la fin de 1969, la chance m'avait donné le numéro 297. Une donne aveugle me sauvait la peau, et le cauchemar auquel je me préparais depuis des années disparaissait soudain. Qui remercier pour cette grâce inattendue ? Une masse immense de souffrance et d'ennuis m'était épargnée, la maîtrise de ma vie m'était littéralement rendue, et j'en éprouvais un soulagement incalculable. La prison ne figurait plus dans le tableau pour moi. L'horizon était clair de toutes parts, et je me sentais libre de marcher dans n'importe quelle direction que je choisirais. Du moment que je voyageais léger, rien ne m'empêchait de partir aussi loin que mes jambes pourraient me porter.

Le fait que j'aie fini par travailler pendant plusieurs mois à bord d'un pétrolier fut dans une grande mesure une question de chance. On ne peut pas travailler sur un bateau sans une carte de la marine marchande, et on ne peut pas obtenir une carte de la marine marchande si on ne travaille pas sur un bateau. A moins de connaître quelqu'un qui puisse briser pour vous ce cercle vicieux, il est impossible d'y entrer. Celui qui fit cela pour moi fut le second mari de ma mère, Norman Schiff. Ma mère s'était remariée un an environ après avoir divorcé d'avec mon père, et en 1970 mon beau-père et moi étions bons amis depuis près de cinq ans. Cet excellent homme au cœur généreux m'avait fidèlement soutenu dans mes ambitions vagues et irréalistes. Sa mort prématurée en 1982 (il avait cinquante-cinq ans) demeure l'un des grands chagrins de ma vie, mais à ce moment-là, alors que je terminais ma dernière année de licence et m'apprêtais à quitter l'école, sa santé était encore raisonnablement bonne. Il était juriste, spécialisé dans le droit du travail, et parmi ses nombreux clients de l'époque se trouvait le syndicat des marins d'Esso, dont il était le conseiller juridique. C'est ainsi que l'idée est née dans mon cerveau. Je lui ai demandé s'il pouvait me décrocher un emploi sur l'un des pétroliers d'Esso, et il m'a répondu qu'il s'en occuperait. Et, sans plus de façons, c'est ce qu'il a fait.

Il y a eu un tas de paperasses à remplir, des voyages au siège du syndicat à Belleville, dans le New Jersey, des examens médicaux à Manhattan et puis une période d'attente indéfinie jusqu'à ce qu'un créneau se libère sur l'un des bateaux entrant dans la zone de New York. Entre-temps, j'avais trouvé un emploi temporaire au bureau du recensement des Etats-Unis, où je rassemblais des données pour le recensement de 1970 à Harlem. Mon travail consistait à monter et descendre des escaliers dans des immeubles mal éclairés, à frapper aux portes des appartements et à aider les gens à remplir les questionnaires gouvernementaux. Tout le monde ne souhaitait pas être aidé, bien sûr, et plus d'un se montrait méfiant envers cet étudiant blanc qui rôdait dans les corridors, mais ils étaient assez nombreux à m'accueillir chez eux pour me donner l'impression de ne pas complètement perdre mon temps. Je fis cela pendant un mois environ et puis — plus tôt que je ne l'espérais — le bateau accosta.

Il se trouve que j'étais à ce moment-là assis sur le fauteuil d'un dentiste, sur le point de me faire arracher une dent de sagesse. Chaque matin depuis que mon nom figurait sur la liste, j'avais pris contact avec mon beau-père pour lui dire où il pouvait me joindre pendant la journée, et ce fut lui qui me dénicha dans le cabinet du dentiste. La synchronisation n'aurait pu être plus comique. On m'avait déjà injecté la novocaïne dans les gencives, et le dentiste venait de saisir sa pince et s'apprêtait à attaquer ma dent pourrie quand la réceptionniste entra et annonça qu'on me demandait au téléphone. De toute urgence. Je descendis du fauteuil, la serviette encore fixée au cou, et l'instant d'après Norman m'annonçait que j'avais trois heures pour faire mes bagages et me présenter à bord du SS *Esso Florence* à Elizabeth, New Jersey. Je balbutiai mes excuses au dentiste et filai comme un dératé.

La dent demeura dans ma bouche encore une semaine. Quand elle finit par s'en aller, j'étais à Baytown, au Texas.

Le *Esso Florence* était l'un des plus vieux pétroliers de la flotte, relique dérisoire d'un temps révolu. Mettez une Chevrolet deux portes à côté d'une limousine stretch, et vous aurez une assez bonne idée de ce dont il avait l'air en comparaison des supertankers qu'on construit aujourd'hui. Déjà en service durant la Deuxième Guerre mondiale, mon bateau avait couvert, à l'époque où j'y mis le pied, d'innombrables milliers de milles marins. Il y avait assez de lits à bord pour loger cent hommes, mais trente-trois suffisaient à assurer le travail qu'il y avait à faire. Cela signifiait que chacun disposait de sa propre cabine, un avantage énorme si l'on considère le temps que nous devions passer ensemble. Dans d'autres professions, on peut rentrer chez soi le soir, mais nous étions encagés vingt-quatre heures sur vingt-quatre en compagnie les uns des autres. Chaque fois qu'on levait le nez, on retrouvait les mêmes visages. On travaillait ensemble, on vivait ensemble, on mangeait ensemble et, sans cette possibilité d'un peu de véritable intimité, le train-train serait devenu intolérable.

Nous faisions la navette entre la côte atlantique et le golfe du Mexique en chargeant et en déchargeant du carburant d'avion dans les différentes raffineries rencontrées en chemin : Charleston, Caroline du Sud ; Tampa, Floride ; Galveston, Texas. Au début, mes responsabilités consistèrent à passer la serpillière et à faire les lits. Le terme technique désignant cette fonction était « homme à tout faire », mais en langage courant il s'agissait d'une combinaison de concierge, videur de poubelles et femme de chambre. Je ne peux pas dire que ça me passionnait de récurer les toilettes ni de ramasser les chaussettes sales, mais une fois que j'eus attrapé le coup, je découvris que ce travail était d'une facilité incroyable. En moins d'une semaine, j'avais si bien peaufiné mes talents ménagers qu'il ne me fallait plus que deux heures, deux heures et demie pour accomplir mes tâches quotidiennes. Cela me laissait abondance de temps libre dont je passais la plus grande partie dans ma cabine. Je lisais, j'écrivais, je faisais tout ce que j'avais fait auparavant — mais de façon plus productive, peut-être, avec une plus grande capacité de concentration à présent que si peu de choses pouvaient me distraire. A bien des égards, cette existence me paraissait presque idéale, la vie parfaite.

Et puis, après un ou deux mois de ce régime bienheureux, on me « balança ». Le bateau naviguait rarement plus de cinq jours entre deux ports, et presque partout où nous accostions des membres de l'équipage débarquaient et d'autres embarquaient. Les tâches étaient attribuées aux nouveaux arrivants en fonction de leur ancienneté. La hiérarchie sociale était rigoureuse et plus on avait travaillé longtemps pour la compagnie, plus on avait son mot à dire.

Moi qui me trouvais tout en bas de l'échelle, je n'avais rien à dire. Si un vétéran voulait mon job, il n'avait qu'à le demander, et il l'avait. Après ma longue période de chance, le coup finit par me tomber dessus quelque part au Texas. Mon remplaçant était un nommé Elmer, un célibataire fondamentaliste et bovin qui se trouvait être le plus ancien et le plus célèbre de tous les « hommes à tout faire ». Ce que j'avais réussi à boucler en deux heures, Elmer l'accomplissait désormais en six. Il était le plus lent des lents, un poids léger mental, un taciturne qui se dandinait d'un bout à l'autre du bateau dans un monde à lui, totalement ignoré du reste de l'équipage, et de toute ma vie je n'ai jamais vu quelqu'un qui mangeait autant que lui. Elmer pouvait engloutir des montagnes de nourriture — il se resservait deux ou trois fois à chaque repas — mais ce qui le rendait fascinant à observer était moins l'énormité de son appétit que la façon qu'il avait de le satisfaire : avec délicatesse, avec méticulosité, avec un sens souverain du décorum. Le meilleur moment était l'opération de nettoyage, à la fin. Une fois rassasié, Elmer étalait sa serviette sur la table devant lui et commençait à tapoter et à lisser le papier fragile, qu'il transformait lentement en un carré plat. Ensuite il pliait celui-ci en sections longitudinales précises, en divisant méthodiquement la surface par deux jusqu'à ce qu'elle soit divisée en huitièmes. A la fin, le carré était devenu une longue bande rectiligne aux quatre bords parfaitement alignés. Alors Elmer saisissait les côtés avec précaution, portait la serviette à ses lèvres et se mettait à frotter. Toute l'action venait de la tête : un long va-et-vient pivotant qui durait vingt ou trente secondes. Du début à la fin, les mains d'Elmer ne bougeaient pas. Elles restaient en l'air, immobiles, tandis qu'il tournait sa grosse tête à gauche, à droite et puis encore à gauche, et pendant ce temps ses yeux ne trahissaient jamais la moindre pensée ni la moindre émotion. Le Nettoyage des Lèvres était un processus mécanique opiniâtre, un geste de purification rituelle. La propreté est sœur de la sainteté, m'a-t-il confié un jour. A le voir avec cette serviette, on comprenait qu'il accomplissait l'œuvre de Dieu.

Si j'ai eu l'occasion d'observer de si près les habitudes de table d'Elmer, c'est parce qu'on m'avait recasé à l'office. Le travail au mess quadruplait mes heures et me rendait la vie plus mouvementée dans l'ensemble. Mes responsabilités consistaient désormais à servir trois repas par jour à l'équipage (une vingtaine d'hommes), à laver la vaisselle à la main, à faire le ménage du mess et à écrire les menus pour le steward, qui était en général trop soûl pour se soucier de les rédiger lui-même. Mes périodes de loisir étaient brèves — pas plus d'une heure ou deux entre les repas — et pourtant, bien que j'eusse beaucoup plus de travail qu'auparavant, mon revenu avait bel et bien diminué. Dans mon emploi précédent, j'avais eu largement le temps de me faire une ou deux heures supplémentaires le soir, à racler et peindre dans la salle des machines, par exemple, ou à frotter des taches de rouille sur le pont, et ces travaux volontaires avaient agréablement arrondi mon salaire. Tout de même, en dépit des désavantages, je trouvais plus stimulant de travailler au mess que de passer la serpillière. C'était un boulot public, pour ainsi dire, et, en plus de tout l'affairement qui était désormais exigé de moi, il me fallait demeurer en alerte vis-à-vis des hommes d'équipage. C'était cela, finalement, ma tâche la plus importante : apprendre à faire face aux rouspétances et aux réclamations agressives, à réagir aux insultes, à rendre coup pour coup.

   Elmer excepté, l'équipage était une bande de types plutôt crasseux et grossiers. La plupart vivaient au Texas ou en Louisiane, et à part une poignée de Chicanos, un ou deux Noirs et de temps à autre un étranger, le type dominant à bord était blanc, cul-terreux et manuel. L'ambiance était facétieuse, bourrée d'histoires drôles, de blagues cochonnes et de conversations à propos de voitures et d'armes, mais de profonds courants de racisme sommeillaient en beaucoup de ces hommes et je faisais attention à bien choisir mes amis. Entendre l'un de vos compagnons de travail défendre l'apartheid en Afrique du Sud pendant que vous prenez un café avec lui (« ces gens-là savent comment traiter les nègres ») ne vous met guère l'âme en joie, et si je me retrouvais le plus souvent en compagnie de ceux qui avaient la peau sombre ou parlaient espagnol, il y avait une bonne raison pour cela. En tant que juif new-yorkais nanti d'un diplôme universitaire, j'étais un spécimen d'une espèce inconnue sur ce bateau, un Martien. Il eût été facile de m'inventer des histoires, mais cela ne m'intéressait pas. Si quelqu'un me demandait quelle était ma religion ou d'où je venais, je le lui disais. Si ça ne lui plaisait pas, je pensais que c'était son problème. Je n'allais pas dissimuler ce que j'étais ni faire semblant d'être un autre dans le seul but d'éviter les difficultés. En fait, je n'ai connu qu'un seul affrontement désagréable pendant tout le temps que j'ai vécu là. L'un des hommes s'était mis à m'appeler Sammy chaque fois que je passais. Il semblait trouver ça drôle, mais comme l'humour de l'épithète ne m'apparaissait pas, je lui ai demandé d'arrêter. Comme il recommençait le lendemain, j'ai compris que des paroles polies ne suffiraient pas. Je l'ai empoigné par sa chemise, je l'ai collé au mur, et je lui ai dit très calmement que si jamais il m'appelait encore ainsi, je le tuerais. Ça m'a choqué de m'entendre parler de cette façon. Je n'étais pas quelqu'un de violent, et je n'avais jamais fait à personne des menaces de ce genre, mais pendant ce bref instant, un démon avait pris possession de mon âme. Heureusement, ma détermination à me battre suffit à désamorcer la bagarre avant qu'elle ne commence. Mon tourmenteur leva les mains en signe de paix. « C'était qu'une blague, dit-il, rien qu'une blague », et on en resta là. Quelque temps plus tard, nous sommes même devenus amis.

J'adorais me trouver sur l'eau, entouré uniquement de ciel et de lumière, de l'immensité de l'air vide. Où que nous allions, des mouettes nous accompagnaient, volant en cercles au-dessus de nos têtes en attente des seaux d'ordures qu'on jetait par-dessus bord. Des heures durant, elles planaient, patientes, à l'aplomb du bateau, en battant à peine des ailes jusqu'au moment où les débris s'éparpillaient, et alors elles plongeaient frénétiquement dans l'écume en s'interpellant à grands cris, tels des ivrognes à un match de football. Peu de plaisirs peuvent égaler le spectacle de cette écume, quand, assis à la poupe d'un grand navire, on contemple en dessous de soi le blanc bouillonnement tumultueux du sillage. Il y a là-dedans quelque chose d'hypnotique, et par une journée calme le sentiment de bien-être qui vous envahit peut être étourdissant. D'un autre côté, le mauvais temps aussi a son charme. Au fur et à mesure que l'été s'achevait et que nous entrions dans l'automne, les intempéries se multipliaient, amenant des vents sauvages et des pluies diluviennes, et à ces moments le bateau ne donnait guère plus d'impression de sécurité ni de solidité que le navire en papier d'un enfant. On a vu des pétroliers se briser en deux, il suffit pour cela d'une seule mauvaise vague. La pire traversée eut lieu quand nous étions au large du cap Hatteras, fin septembre ou début octobre, douze ou quinze heures de tangage et de roulis au milieu d'un orage tropical. Le commandant passa la nuit à la barre et, même après que le pire fut passé, quand le steward me chargea de lui apporter son petit déjeuner, le lendemain matin, je manquai m'envoler par-dessus bord lorsque je sortis sur le pont avec mon plateau. La pluie avait cessé, sans doute, mais le vent soufflait encore en tempête.

Malgré tout, le travail à bord du *Esso Florence* n'avait pas grand-chose à voir avec l'aventure en haute mer. Le pétrolier était essentiellement une usine flottante, et au lieu de me faire découvrir une existence exotique et aventureuse, il m'a appris à me considérer comme un travailleur de l'industrie. J'étais un parmi des millions, désormais, un insecte attelé à sa tâche à côté d'innombrables autres insectes, et chacune des tâches que j'accomplissais faisait partie de la grande entreprise écrasante du capitalisme américain. Le pétrole était la source première de la richesse, la matière première qui alimentait la machine à profit et assurait son fonctionnement, et je me sentais heureux d'être où j'étais, reconnaissant d'avoir atterri dans le ventre de la bête. Les raffineries où nous chargions et déchargions notre cargaison étaient d'immenses structures infernales, des réseaux labyrinthiques de tuyauteries sifflantes et de tours de feu, et quand on se promenait la nuit dans l'une d'elles, on avait l'impression de vivre à l'intérieur de son plus mauvais rêve. En particulier, je n'oublierai jamais les poissons, les centaines de poissons morts irisés qui flottaient sur l'eau rance et saturée d'huile entourant les quais des raffineries. Ils étaient le comité d'accueil standard, le spectacle qui nous souhaitait la bienvenue chaque fois que les remorqueurs nous halaient dans un port. La laideur était si universelle, si profondément liée à l'activité lucrative et au pouvoir que donne l'argent à ceux qui le gagnent — au point de défigurer les paysages, de chambouler complètement l'univers naturel —, qu'elle commença, bien malgré moi, à m'inspirer une sorte de respect. Si on va au fond des choses, me disais-je, c'est à ça que le monde ressemble. Quoi qu'on puisse en penser, cette laideur est la vérité.

Chaque fois que nous étions à quai quelque

part, j'avais à cœur de quitter le bateau et de passer un certain temps à terre. Je n'avais jamais mis le pied au sud de la ligne Mason-Dixon* et ces brèves virées sur la terre ferme m'ont entraîné en des lieux que je trouvais beaucoup moins familiers ou compréhensibles que tout ce que j'avais pu rencontrer à Paris ou à Dublin. Le Sud était un autre pays, un univers américain distinct de celui que j'avais connu dans le Nord. La plupart du temps, je partais à la remorque d'un ou deux de mes collègues et les accompagnais dans la tournée de leurs repaires habituels. Si je revois Baytown, Texas, avec une netteté particulière, c'est parce que nous y avons passé plus de temps que nulle part ailleurs. Un petit patelin, qui me paraissait triste et décrépi. Le long de la rue principale, une série de cinémas autrefois élégants avaient été transformés en églises baptistes, et au lieu d'annoncer les titres des derniers films de Hollywood, leurs marquises arboraient désormais de flamboyantes citations bibliques. La plupart du temps, nous aboutissions dans des bars à matelots au fond des ruelles des bas quartiers. Ils étaient tous pareils, pour l'essentiel : bouges sordides, mal fréquentés ; crèches obscures ; recoins d'oubli saturés d'humidité. A l'intérieur, tout était toujours vide. Pas une seule image aux murs, pas la moindre touche de chaleur conviviale. Au mieux, il y avait un mauvais billard, un juke-box bourré de musique country,

---

* Ligne théorique établie dès la fin du XVIIIe siècle pour séparer les Etats du Nord, non esclavagistes, des Etats esclavagistes du Sud. *(N.d.T.)*

et une carte où ne figurait qu'une seule boisson : la bière.

Un jour où le bateau se trouvait en cale sèche à Houston pour quelques réparations mineures, j'ai passé l'après-midi dans un de ces bars avec un matelot danois nommé Teddy, un dingue qui riait à la moindre provocation et parlait l'anglais avec un accent si prononcé que je comprenais à peine ce qu'il disait. En marchant dans la rue sous le soleil aveuglant du Texas, nous avons croisé un couple d'ivrognes. La journée n'était guère avancée, mais cet homme et cette femme étaient déjà si imbibés, si retranchés dans leur ivresse qu'ils devaient s'être mis à la gnôle dès l'aube. Ils titubaient sur le trottoir, les bras enlacés, vacillant de-ci, de-là, têtes branlantes, genoux mous, et pourtant avec encore assez d'énergie, l'un et l'autre, pour se trouver engagés dans une querelle hargneuse et ordurière. Au ton de leurs voix, j'ai supposé que ça durait depuis des années — ce couple de clochards trébuchants en quête du verre suivant, toujours à se chamailler en répétant les mêmes répliques, toujours à se jouer la même comédie lamentable. Le hasard a voulu qu'ils viennent s'installer dans le bar où Teddy et moi avions décidé de passer l'après-midi et, comme je ne me trouvais qu'à quelques mètres d'eux, j'étais bien placé pour suivre le petit drame suivant :

L'homme se pencha vers la femme assise en face de lui : « Darlène, aboya-t-il d'une voix traînante et abêtie, va me chercher une bière. »

Darlène était justement en train de s'assoupir, et il lui fallut un bon moment pour ouvrir les yeux et fixer l'homme du regard. Encore

un bon moment s'écoula, et puis elle dit :
« Quoi ? »

« Va me chercher une bière, répéta l'homme. Et que ça saute. »

Darlène se réveillait à présent, et une merveilleuse effronterie je-m'en-fichiste lui éclaira soudain le visage. Elle ne se sentait manifestement pas d'humeur à se laisser bousculer. « Vas-y toi-même, Charlie, lui lança-t-elle. J'suis pas ton esclave, tu sais. »

« Nom de Dieu, ma vieille, répliqua Charlie. T'es ma femme, non ? Pourquoi je t'ai épousée ? Va me chercher cette bière, merde ! »

Darlène poussa un soupir bruyant et théâtral. On voyait bien qu'elle mijotait quelque chose, mais ses intentions demeuraient obscures. « D'accord, mon chéri, fit-elle, affectant la voix d'une épouse soumise et minaudière. Je vais te la chercher », et elle se leva et tangua jusqu'au bar.

Charlie restait assis, la mine épanouie, enchanté de sa petite victoire virile. Il était le patron, pas de doute, et personne ne lui dirait le contraire. Si on voulait savoir qui portait la culotte dans cette famille, il n'y avait qu'à le lui demander.

Une minute plus tard, Darlène regagnait leur table avec une bouteille de Bud fraîche. « Voilà ta bière, Charlie », dit-elle et, d'un prompt mouvement du poignet, elle se mit à déverser le contenu de la bouteille sur la tête de son mari. La mousse formait des bulles dans les cheveux et les sourcils de celui-ci ; des ruisselets de liquide ambré lui dévalaient sur le visage. Il plongea vers elle, mais il était trop soûl pour l'atteindre. Darlène rejeta la tête en arrière et éclata de rire. « Elle te plaît, ta bière, Charlie ? demanda-t-elle. Elle te plaît, ta saloperie de bière ? »

De toutes les scènes dont j'ai été témoin dans ces bars, aucune ne peut vraiment se comparer à la piteuse comédie du baptême de Charlie, mais pour la bizarrerie générale — un plongeon au cœur le plus profond du grotesque — je devrais citer *Big Mary's Place* à Tampa, en Floride. C'était un vaste établissement brillamment illuminé qui satisfaisait aux caprices des dockers et des marins, et qui avait de nombreuses années d'existence. Au nombre de ses attractions se trouvaient une demi-douzaine de tables de billard, un long bar en acajou, des plafonds d'une hauteur extraordinaire et un spectacle permanent assuré par des danseuses pratiquement nues. Ces girls étaient la pierre angulaire de l'opération, l'élément qui distinguait l'établissement de Big Mary de tous les autres — et un regard suffisait à s'assurer que ce n'était pas pour leur beauté qu'on les engageait, pas plus que pour leurs talents de danseuses. Le seul critère était le poids. Plus elles sont grosses, mieux ça vaut, professait Big Mary, et plus vous grossissiez, mieux vous étiez payée. L'effet était plutôt troublant. C'était une exhibition de monstres, une cavalcade de chair blanche bondissante, et quand quatre d'entre elles dansaient ensemble sur l'estrade derrière le bar, le spectacle faisait penser à une audition pour le choix du rôle-titre dans *Moby Dick*. Chaque danseuse était à elle seule un continent, une masse de lard palpitant paré d'un string et, comme les équipes ne cessaient de se succéder, les yeux subissaient un assaut sans rémission. Je n'ai aucun souvenir de la façon dont j'étais arrivé là, mais je me rappelle nettement que mes compagnons, ce soir-là, étaient deux des gars les plus gentils du bateau (Martinez, un père de famille texan, et Donnie, un gamin de dix-sept ans qui venait de Baton Rouge) et qu'ils étaient tous deux aussi abasourdis que moi. Je les vois encore, assis en face de moi, bouche bée, s'efforçant de leur mieux de ne pas rire d'embarras. A un moment donné, Big Mary en personne vint s'asseoir à notre table. Un superbe dirigeable, en tailleur-pantalon orange, avec une bague à chaque doigt, et qui voulait savoir si nous nous amusions. Comme nous lui affirmions que oui, elle fit signe à l'une des filles qui se trouvaient au bar. « Barbara, cria-t-elle de la voix sonore et enrouée de quelqu'un qui fume trois paquets par jour, amène ton gros cul par ici ! » Barbara arriva, tout sourires et bonne humeur, riant lorsque Big Mary lui enfonçait un doigt dans l'estomac ou pinçait les amples boudins qui lui entouraient la taille. « Elle était maigrelette, au début, expliqua Mary, mais je l'ai bien engraissée. Pas vrai, Barbara ? » ajouta-t-elle en gloussant comme quelque savant fou qui vient de réussir une expérience, et Barbara abondait dans son sens. En les écoutant parler, je pensai tout à coup que je m'étais complètement trompé. Je n'étais pas parti en mer. J'étais allé m'engager dans un cirque.

J'ai eu un autre ami, c'était Jeffrey, le cuisinier en second (également appelé chef du petit déjeuner), originaire de Bogalusa, en Louisiane.

Il se trouve que nous étions nés le même jour et, excepté Donnie, le benjamin, nous étions les plus jeunes membres de l'équipage. C'était la première fois que nous naviguions, l'un et l'autre, et comme nous travaillions ensemble à l'office, nous étions arrivés à nous connaître assez bien. Jeffrey était de ces gens à qui la vie sourit — intelligent et beau, homme à femmes qui aimait s'amuser et porter des vêtements voyants —, et cependant très pratique et ambitieux, calculateur réaliste qui se servait très consciemment de son emploi sur le bateau pour apprendre les tenants et aboutissants de la cuisine. Il n'avait aucune intention de faire carrière sur les pétroliers, aucun désir de vieillir en mer. Son rêve était de devenir le chef d'un restaurant de grande classe, voire de devenir propriétaire de ce restaurant, et si rien d'imprévu ne l'en a empêché, je ne doute pas que c'est exactement ce qu'il fait aujourd'hui. Nous n'aurions pu être plus différents, Jeffrey et moi, mais nous nous entendions bien. Il était normal que nous descendions parfois à terre ensemble quand le bateau était à quai mais, parce que Jeffrey était noir, et parce qu'il avait vécu toute sa vie dans le Sud, il savait que beaucoup des endroits où j'allais avec des Blancs de l'équipage lui étaient interdits. Il me le fit comprendre clairement la première fois que nous projetions une sortie. « Si tu veux que je t'accompagne, dit-il, il faudra que tu ailles où je peux aller. » Je tentai de le persuader qu'il pouvait bel et bien aller où il voulait, mais Jeffrey ne se laissa pas convaincre. « Peut-être là-haut, dans le Nord, dit-il. Ici, c'est différent. » Je n'insistai pas. Quand j'allais boire une bière avec Jeffrey, on la buvait dans un bar noir et non dans un blanc. A part la couleur de peau de la clientèle, l'ambiance était la même.

Un soir, à Houston, Jeffrey me persuada de l'accompagner dans un club de danse. Je ne dansais jamais et n'allais jamais dans les clubs, mais l'idée de passer quelques heures dans un endroit qui n'était pas un boui-boui minable me tentait, et je décidai de risquer le coup. Le club en question était un local disco ébouriffant où se massaient des centaines de jeunes gens, la boîte de nuit la plus torride de la ville. Il y avait un vrai orchestre sur la scène, des lumières stroboscopiques psychédéliques rebondissaient d'un mur à l'autre, on servait de l'alcool au bar. Tout respirait le sexe, le chaos et la musique assourdissante. C'était la fièvre du samedi soir, à la texane.

Jeffrey s'était mis sur son trente et un, et en moins de quatre minutes il avait lié conversation avec l'une des nombreuses filles superbes qui flottaient autour du bar, et quatre minutes plus tard ils étaient sur la piste de danse, perdus dans un océan de corps. Je m'assis à une table et me mis à siroter mon verre, seul Blanc dans l'établissement. Personne ne me chercha querelle, mais je sentais sur moi le regard étrange et pénétrant de pas mal de gens, et quand j'eus fini mon bourbon, je compris que j'avais intérêt à filer. Je téléphonai à un taxi et sortis pour l'attendre dans le parking. Quand il arriva, quelques minutes plus tard, le chauffeur se mit à jurer. « Nom de Dieu, disait-il. Nom de Dieu de bordel de merde ! Si j'avais su que vous m'appeliez d'ici, je ne serais pas venu. » « Pourquoi pas ? » demandai-je. « Parce que c'est le plus sale foutu coin de Houston, dit-il. Y a eu six meurtres ici le mois dernier. Chaque fin de semaine, y a quelqu'un qui se fait buter. »

A la fin, les mois que j'ai passés sur ce bateau m'ont paru aussi longs que des années. Le temps passe d'une autre façon quand on est sur l'eau et, compte tenu que la masse de mes expériences était totalement nouvelle pour moi, compte tenu que j'étais de ce fait constamment sur mes gardes, j'ai réussi à accumuler une quantité étonnante d'impressions et de souvenirs dans une tranche relativement mince de ma vie. Aujourd'hui encore, je ne comprends pas bien ce que j'espérais démontrer en m'embarquant ainsi. Me maintenir en déséquilibre, je suppose. Ou, tout simplement, voir si j'en étais capable, si j'étais capable de me montrer à la hauteur dans un monde qui n'était pas le mien. A cet égard, je pense que ce ne fut pas un échec. Je ne pourrais pas dire ce que j'ai accompli durant ces quelques mois, mais en même temps je suis certain que ce ne fut pas un échec.

Je reçus mes papiers de licenciement à Charleston. La société payait le billet d'avion pour rentrer chez soi, mais on pouvait empocher l'argent et organiser son retour comme on voulait. Je choisis de garder l'argent. Le voyage en train omnibus durait vingt-quatre heures, que je passai en compagnie d'un autre membre newyorkais de l'équipage, Juan Castillo. Juan était un homme d'une cinquantaine d'années, courtaud, bosselé, avec une grosse tête et un visage qui avait l'air de l'amalgame des peaux et de la pulpe de dix-neuf pommes de terre réduites en purée. Il venait d'effectuer son dernier voyage à bord d'un pétrolier, et en reconnaissance de ses vingt-cinq années de service, Esso lui avait fait cadeau d'une montre en or. Je ne sais pas combien de fois Juan a tiré cette montre de sa poche pour la regarder au cours du long trajet de retour, mais à chaque fois, il hochait la tête pendant quelques secondes et puis éclatait de rire. A un moment donné, le contrôleur s'arrêta pour bavarder avec nous lors d'un de ses passages dans le couloir central. Il avait une allure impeccable dans son uniforme, je m'en souviens, un gentleman noir du Sud de la vieille école. D'un ton hautain, un peu condescendant, il entama la conversation en nous demandant : « Vous montez dans le Nord pour travailler dans les aciéries, les gars ? »

Nous devions former une curieuse paire, Juan et moi. Je me rappelle que je portais un vieux blouson de cuir, à l'époque, mais à part cela je ne me revois pas, je n'ai aucune idée de ce dont j'avais l'air ni de ce que voyaient les gens lorsqu'ils me regardaient. La question du contrôleur est le seul indice que je possède. Juan avait pris des photos de ses copains du bateau pour son album de famille, chez lui, et je me souviens de m'être tenu sur le pont en fixant son objectif pendant qu'il poussait sur le déclencheur. Il avait promis de m'envoyer un exemplaire de la photo, mais il ne l'a pas fait.

Je jouais avec l'idée de repartir pour une nouvelle tournée sur un pétrolier *Esso* mais à la fin j'y renonçai. Mon salaire m'était encore envoyé par la poste (pour deux jours passés à bord, je recevais à terre un jour de salaire) et mon compte en banque commençait à me paraître assez solide. Depuis quelques mois, j'étais arrivé lentement à la conclusion que ma prochaine démarche devrait consister à quitter le pays et vivre quelque temps à l'étranger. Je me sentais disposé à me rembarquer s'il le fallait, mais je me demandais si je n'avais pas déjà amassé une somme satisfaisante. Les trois ou quatre mille dollars que j'avais gagnés sur le pétrolier me semblaient devoir suffire pour commencer et donc, plutôt que de continuer dans la marine marchande, je changeai brusquement de trajectoire et me mis à combiner un départ à Paris.

La France était un choix logique, mais je ne crois pas m'y être rendu pour des raisons logiques. Le fait que je parlais français, que j'avais traduit de la poésie française, que je connaissais et appréciais un certain nombre de personnes qui habitaient la France, il est certain que tout cela intervenait dans ma décision — mais ce n'en était pas le facteur déterminant. Ce qui me donnait envie d'y aller, je crois, c'était le souvenir de ce qui m'était arrivé à Paris trois ans plus tôt. Ce souvenir vivait encore en moi, et parce que ce séjour avait été interrompu, parce que j'en étais revenu avec la certitude d'y retourner bientôt, j'avais traîné avec moi une impression d'affaire non terminée, le sentiment de n'avoir pas eu mon content. La seule chose que je désirais à ce moment-là, c'était me mettre sérieusement à écrire. En retrouvant l'intériorité et la liberté de ce temps-là, j'espérais me placer dans les meilleures conditions possibles pour le faire. Je n'avais aucune intention de devenir un expatrié. Renoncer à l'Amérique ne faisait pas partie de mon plan, et à aucun moment je n'ai envisagé de ne pas y revenir. J'avais seulement besoin d'un peu d'espace pour respirer, d'une occasion de vérifier, une fois pour toutes, si j'étais vraiment l'individu que je croyais être.

Le souvenir le plus vivace que j'ai gardé de mes dernières semaines à New York est celui de mes adieux à Joe Reilly, un sans-abri qui avait l'habitude de traînasser dans le vestibule de mon immeuble, 107ᵉ Rue Ouest. C'était un vieil immeuble de neuf étages et, comme presque tout le Upper West Side, il abritait une faune bigarrée. Je peux sans le moindre effort évoquer bon nombre de ces gens, même après un quart de siècle. Le postier portoricain, par exemple, et le garçon de restaurant chinois, et la grosse chanteuse d'opéra blonde au *Lhassa-apso*. Sans oublier le dessinateur de mode noir et homosexuel avec son manteau de fourrure noire, ni les clarinettistes querelleurs dont les chamailleries haineuses, perçant les murs de mon appartement, empoisonnaient mes nuits. Au rez-de-chaussée de ce bâtiment de briques grises, l'un des logements avait été divisé en deux, et chaque moitié était occupée par un homme en chaise roulante. L'un d'eux travaillait dans le kiosque à journaux à l'angle de Broadway et de la 110ᵉ Rue ; l'autre était un rabbin à la retraite. Ce rabbin était un type particulièrement charmant, avec son petit bouc pointu d'artiste et l'éternel béret noir qu'il portait sur l'oreille avec une désinvolture débonnaire. Presque chaque jour, il sortait de chez lui dans son fauteuil roulant pour passer un moment dans le vestibule à bavarder avec Arthur, le concierge, ou l'un ou l'autre des locataires qui entraient ou sortaient de l'ascenseur. Un jour, en arrivant dans l'immeuble, je l'aperçus à travers la porte vitrée, à son poste habituel, en train de bavarder avec un clochard vêtu d'un long pardessus sombre. Je fus frappé de la bizarrerie de cette association mais, à voir la posture du clochard et l'expression du rabbin, il était manifeste qu'ils se connaissaient bien. Le clochard était un authentique crève-la-faim, un ivrogne au visage plein de croûtes et aux vêtements crasseux, au crâne à moitié chauve couturé de cicatrices, une épave, un scrofuleux qui avait l'air de sortir d'un égout. Alors je poussai la porte, j'entrai dans le vestibule et je l'entendis parler. Accompagnée de gestes désordonnés et théâtraux — un mouvement circulaire du bras gauche, un doigt de la main droite pointé vers le ciel —, une phrase résonna, un chapelet de mots si invraisemblable, si inattendu qu'au début je n'en crus pas mes oreilles. « Il ne s'agissait pas seulement d'une rencontre éphémère ! » disait-il, en faisant rouler sur sa langue chaque syllabe de cette phrase fleurie et littéraire avec tant de jouissance, un tel brio dans l'esbroufe, une si magnifique emphase qu'on aurait cru entendre un cabot tragique en plein mélodrame victorien. C'était du pur W. C. Fields — mais plusieurs octaves au-dessous, d'une voix plus ferme, plus maîtresse des effets qu'elle cherchait à produire. W. C. Fields mâtiné de Ralph Richardson, peut-être, avec un soupçon de grandiloquence de comptoir. Quelque définition qu'on pût lui appliquer, je n'avais jamais entendu une voix faire ce que faisait celle-là.

Quand je traversai le hall pour saluer le rabbin, il me présenta à son ami, et c'est ainsi que j'appris le nom de ce singulier personnage, le plus grand des gentlemen déchus, le seul et unique Joe Reilly.

D'après le rabbin, qui me raconta plus tard les détails de l'histoire, Joe avait fait ses débuts dans la vie comme le fils privilégié d'une riche famille new-yorkaise, et dans sa jeunesse il avait possédé une galerie d'art dans Madison Avenue. C'est à cette époque que le rabbin l'avait rencontré — dans le bon vieux temps, avant l'écroulement et la ruine de Joe. Le rabbin avait déjà cessé d'exercer son office à ce moment-là et dirigeait une maison d'édition de musique. L'amant de Joe était compositeur, et comme le rabbin publiait ses œuvres, tout naturellement son chemin et celui de Joe se croisèrent. Et puis, soudain, l'amant mourut. Joe avait toujours eu tendance à boire, me dit le rabbin, mais alors il s'y abandonna pour de bon et sa vie commença à se désintégrer. Il perdit sa galerie ; sa famille lui tourna le dos ; ses amis disparurent. Peu à peu, il sombra dans le ruisseau, dans le trou le plus bas au plus profond du monde et, selon le rabbin, il ne s'en sortirait jamais. A son avis, le cas de Joe était désespéré.

Après cela, chaque fois que Joe se trouvait dans les parages, je me fouillais les poches pour lui donner quelques pièces. Ce qui m'émouvait lors de ces rencontres, c'était qu'il ne laissait jamais tomber le masque. Avec des remerciements sonores dans ce langage ornementé, dickensien, qui lui venait si spontanément, il m'assurait que je serais bientôt remboursé, dès que les circonstances le permettraient. « Je vous suis très reconnaissant de cette libéralité, jeune homme, disait-il, vraiment très reconnaissant. Ce n'est qu'un prêt, bien entendu, vous n'avez pas à vous faire de souci. Comme vous le savez peut-être, ou peut-être pas, j'ai subi ces derniers temps quelques revers, et la générosité dont vous faites preuve contribuera dans une large mesure à me remettre sur pied. » La somme en question n'était jamais que dérisoire — quarante *cents* par-ci, vingt-cinq *cents* par-là, ce que j'avais en poche ce jour-là — mais l'enthousiasme de Joe ne faiblissait jamais, jamais il ne manifestait qu'il eût la moindre conscience d'être un individu abject. Tel qu'il était, vêtu des haillons d'un clown de cirque, dans la puanteur émanant de son corps jamais lavé, il persistait à poser à l'homme du monde, au dandy momentanément dans la guigne. L'orgueil et l'aveuglement qui entraient dans cette attitude me paraissaient à la fois comiques et lamentables, et chaque fois que j'accomplissais le rituel d'une nouvelle aumône, j'avais du mal à garder mon sang-froid. Je ne savais jamais s'il fallait rire ou pleurer, l'admirer ou le prendre en pitié. « Voyons, jeune homme, poursuivait-il en examinant les pièces que je venais de poser dans sa paume, j'ai, voyons, j'ai ici en main, euh, cinquante-cinq *cents*. Si on y ajoute les quatre-vingts *cents* que vous m'avez donnés la dernière fois et puis si on ajoute le tout, euh, si on ajoute le tout aux quarante *cents* que vous m'aviez donnés la fois d'avant, je me trouve vous devoir un grand total de euh, voyons, un grand total de... un dollar quinze *cents*. » Telle était l'arithmétique de Joe. Il se contentait de cueillir des chiffres en l'air en espérant qu'ils seraient vraisemblables. « Pas de problème, Joe, répondais-je. Un dollar quinze. Vous me les rendrez la prochaine fois. »

Quand je revins à New York après avoir quitté le navire Esso, Joe me donna l'impression de s'être enlisé, d'avoir perdu du terrain. Il me paraissait plus meurtri et son ancien panache avait cédé la place à une pesanteur nouvelle, une sorte de désespoir geignard et larmoyant. Un jour, il s'effondra devant moi en me racontant comment il s'était fait tabasser dans une ruelle la nuit précédente. « Ils ont volé mes livres, disait-il. Pouvez-vous l'imaginer ? Ces animaux m'ont volé mes livres ! » Une autre fois, en pleine tempête de neige, comme je sortais de mon appartement au neuvième étage et marchais dans le couloir vers l'ascenseur, je le découvris assis solitaire dans l'escalier, la tête enfouie entre les mains.

— Joe, fis-je, ça va ?

Il releva la tête. Ses yeux exprimaient la tristesse, la misère et la défaite.

— Non, jeune homme, dit-il, ça ne va pas, ça ne va pas du tout.

— Y a-t-il quelque chose que je puisse faire pour vous ? demandai-je. Vous avez une mine terrible, vraiment terrible.

— Oui, répondit-il, puisque vous en parlez, il y a une chose que vous pourriez faire pour moi, et, là-dessus, il tendit le bras et me saisit la main. Et puis, en me regardant droit dans les yeux, il rassembla son courage et poursuivit, d'une voix tremblante d'émotion : Vous pourriez me ramener chez vous, vous étendre sur le lit et me laisser vous faire l'amour.

Dans sa franchise brutale, sa requête me prit complètement par surprise. J'avais plutôt envisagé quelque chose comme une tasse de café ou un bol de soupe. « Je ne peux pas faire ça, dis-je. J'aime les femmes, Joe, pas les hommes. Je suis désolé, je ne fais pas ce genre de trucs. »

Ce qu'il me répondit alors me demeure dans la mémoire comme l'une des répliques les plus pertinentes et les plus caustiques que j'aie jamais entendues. Sans perdre une seconde, et sans la moindre trace de déception ni de regret, il expédia la question d'un haussement d'épaules et déclara : « Bon, vous me l'aviez demandé — et je vous l'ai dit. »

Je suis parti pour Paris vers la mi-février 1971. Après cette rencontre dans l'escalier, il y avait plusieurs semaines que je n'avais plus revu Joe. Et puis, quelques jours à peine avant mon départ, je suis tombé sur lui dans Broadway. Il avait meilleure apparence, et cette expression de chien battu avait disparu de son visage. Quand je lui ai raconté que je m'apprêtais à m'installer à Paris, il a aussitôt retrouvé tout son allant et s'est montré plus expansif, plus imbu de lui-même que jamais. « C'est étrange que vous me parliez de Paris, dit-il. En vérité, c'est une très heureuse coïncidence. Il n'y a guère que deux ou trois jours, je me baladais dans la Cinquième Avenue, et sur qui suis-je tombé, sinon sur mon vieil ami Antoine, le directeur des

Cunard Lines. « Joe, m'a-t-il dit, tu n'as pas l'air très en forme », et j'ai répondu. « Non, Antoine, c'est vrai, ma forme n'est pas excellente ces derniers temps », et Antoine a dit qu'il voulait faire quelque chose pour moi, me tendre une main secourable, en quelque sorte, afin de me remettre sur mes rails. Ce qu'il m'a proposé, là, en pleine Cinquième Avenue, l'autre jour, c'est de m'envoyer à Paris sur l'un de ses bateaux et de m'installer à l'hôtel *George-V*. Tous frais payés, bien entendu, avec une garde-robe neuve par-dessus le marché. Il m'offrait d'y demeurer aussi longtemps que je le désirerais. Deux semaines, deux mois, deux ans même si je voulais. Si je me décide à y aller, ce que je vais faire, je crois, je partirai avant la fin du mois. Ce qui signifie, jeune homme, que nous nous trouverons à Paris en même temps. Agréable perspective, non ? Attendez-vous à m'y voir. Nous prendrons le thé, nous dînerons. Vous n'avez qu'à me laisser un message à l'hôtel. Sur les Champs-Elysées. C'est là que nous nous reverrons, mon ami. A Paris, sur les Champs-Elysées. » Et puis il prit congé de moi en me serrant la main et en me souhaitant un bon et heureux voyage.

Je n'ai jamais revu Joe Reilly. Même avant que nous nous fassions nos adieux, ce jour-là, je savais que je lui parlais pour la dernière fois, et quand il a fini par disparaître dans la foule quelques minutes plus tard, ce fut comme s'il était déjà devenu un fantôme. Tout au long des années que j'ai vécues à Paris, j'ai pensé à lui chaque fois que je posais le pied sur les Champs-Elysées. Maintenant encore, chaque fois que j'y retourne, je pense à lui.

*

Mon argent ne me dura pas aussi longtemps que je l'avais imaginé. Je trouvai un appartement dans la semaine qui suivit mon arrivée, et lorsque j'eus déboursé la commission de l'agence, le dépôt de garantie, l'abonnement au gaz et à l'électricité, le premier mois de loyer, le dernier mois de loyer et la police d'assurance obligatoire, il ne me restait pas grand-chose. Dès le début, par conséquent, j'ai dû me débattre pour garder la tête hors de l'eau. Pendant les trois années et demie que j'ai passées en France, j'ai eu des quantités d'emplois, j'ai été ballotté d'un petit boulot à temps partiel à un autre, j'ai travaillé en free-lance jusqu'à n'en plus pouvoir. Quand je n'avais pas de travail, j'en cherchais. Quand j'en avais, je réfléchissais à la manière d'en trouver davantage. Même dans les meilleurs cas, je gagnais rarement assez pour me sentir rassuré et, pourtant, même si une ou deux fois ce fut à un cheveu près, j'ai réussi à éviter la ruine complète. C'était, comme on dit, une existence au jour le jour. En plus de tout cela, j'écrivais avec régularité et, si j'ai jeté beaucoup de ce que j'écrivais (surtout la prose), j'en ai gardé une bonne partie (surtout des poèmes et des traductions). Pour le meilleur ou pour le pire, lorsque je suis rentré à New York en juin 1974, l'idée de ne pas écrire me paraissait inconcevable.

La plupart des boulots que j'obtenais venaient d'amis, ou d'amis d'amis, ou d'amis d'amis d'amis. Le fait d'habiter dans un pays étranger réduit vos possibilités, et si vous ne connaissez pas des gens désireux de vous aider, il est presque impossible de vous lancer. Non seulement les portes ne s'ouvrent pas quand vous y frappez, mais encore vous ne savez même pas où chercher ces portes pour commencer. J'avais la chance de disposer de quelques alliés et, à un moment ou à un autre, tous ont déplacé pour moi de petites montagnes. Jacques Dupin, par exemple, un poète dont je traduisais l'œuvre depuis plusieurs années, se trouvait être directeur des publications à la galerie Maeght, une des principales galeries d'art d'Europe. Au nombre des peintres et sculpteurs exposés là, on comptait Miró, Giacometti, Chagall et Calder, pour n'en citer que quelques-uns. Grâce à l'intervention de Jacques, j'ai été chargé de traduire plusieurs livres d'art et catalogues et, au cours de ma deuxième année à Paris, quand mes fonds étaient dangereusement près de s'épuiser, il a sauvé la situation en m'offrant une chambre où habiter — gratuitement. De tels gestes généreux ont été essentiels, et je ne peux pas imaginer comment j'aurais survécu sans eux.

A un moment donné, on m'a dirigé vers le bureau parisien du *New York Times*. Je ne me souviens pas de qui était responsable de ce contact, mais une rédactrice, Josette Lazar, se mit à me confier des traductions chaque fois qu'elle le pouvait : articles pour la *Sunday Book Review*, éditoriaux de Sartre et de Foucault, ci et ça. Un été, alors que mes fonds se trouvaient de nouveau au plus bas, elle se débrouilla pour m'obtenir le poste de standardiste de nuit dans les bureaux du *Times*. Le téléphone ne sonnait pas très souvent et je passais la plus grande partie du temps, assis à un bureau, à travailler à un poème ou à lire. Une nuit, cependant, il y eut un appel affolé d'une journaliste en poste quelque part en Europe. « Siniavski s'est déclaré dissident, disait-elle. Que dois-je faire ? » Je n'avais aucune idée de ce qu'elle devait faire, mais comme aucun des rédacteurs ne se trouvait là à cette heure, je pensai qu'il fallait lui répondre. « Suivez l'affaire, dis-je. Allez où vous devrez aller, faites ce qu'il y a à faire, mais suivez l'affaire, quoi qu'il arrive. » Elle me remercia abondamment pour le conseil et raccrocha.

Certains jobs débutaient comme une chose et finissaient comme une autre, tel un ragoût loupé qu'on ne peut pas s'empêcher de bricoler. Ajoutons encore quelques ingrédients, et on verra bien si le goût ne s'améliore pas. Un bon exemple serait ma petite aventure chez les Nord-Vietnamiens de Paris, qui commença par un coup de téléphone innocent de Mary McCarthy à mon ami André du Bouchet. Elle lui demandait s'il connaissait quelqu'un qui pût traduire de la poésie du français en anglais ; il lui donna mon nom, elle m'appela et m'invita chez elle pour discuter du projet. C'était au début de 1973 et la guerre faisait toujours rage au Viêt-nam. Il y avait alors plusieurs années que Mary McCarthy écrivait à propos de cette guerre et j'avais lu la plupart de ses articles, que je comptais parmi les meilleurs textes journalistiques publiés à l'époque. A l'occasion de son travail, elle était entrée en contact avec de nombreux Vietnamiens originaires des moitiés nord et sud du pays. L'un d'eux, un professeur de littérature, était en train de réaliser une anthologie de la poésie vietnamienne et elle lui avait proposé de l'aider à organiser la publication américaine d'une version en langue anglaise. Les poèmes étaient déjà traduits en français, et l'idée était de traduire ces traductions en anglais. C'est ainsi que mon nom fut avancé, et c'est de cela qu'elle voulait me parler.

En privé, Mary McCarthy s'appelait Mrs West. Son mari était un homme d'affaires américain aisé, et leur appartement parisien était vaste et richement garni, plein d'objets d'art, d'antiquités et de beaux meubles. Le déjeuner nous fut servi par une bonne en robe noire et tablier blanc. Il y avait une sonnette de porcelaine sur la table, à portée de main de mon hôtesse, et chaque fois qu'elle la soulevait et l'agitait légèrement, la bonne revenait dans la salle à manger pour recevoir de nouvelles instructions. Mary McCarthy avait une façon impressionnante, très « grande dame », de gérer ce protocole domestique, mais en vérité elle se révéla telle que j'avais espéré la trouver : spirituelle, amicale, sans prétention. Nous avons parlé de beaucoup de choses, cet après-midi-là, et quand je sortis de chez elle plusieurs heures plus tard, j'étais chargé de six ou sept recueils de poésie vietnamienne. Il fallait avant tout que je me familiarise avec leur contenu. Après quoi nous devions nous rencontrer, le professeur et moi, et nous mettre au travail sur l'anthologie.

Je lus les livres avec plaisir, en particulier le *Livre de Kieu*, le poème épique national. Les détails m'échappent aujourd'hui, mais je me souviens de m'être senti intéressé par certains des problèmes formels que posaient les structures de la poésie traditionnelle vietnamienne, qui n'ont pas d'équivalent dans la poésie occidentale. J'étais heureux qu'on m'ait proposé ce travail. Non seulement j'allais être bien payé, mais il semblait aussi que je pourrais apprendre quelque chose par-dessus le marché. Une semaine environ après notre déjeuner, pourtant, Mary McCarthy me téléphona pour m'annoncer qu'il y avait eu une urgence et que son ami le professeur était retourné à Hanoi. Elle ne savait pas quand il reviendrait à Paris mais, pour le moment du moins, le projet devait être mis en panne.

C'était pas de chance. Je poussai les livres de côté en espérant que le job n'était pas mort, mais je savais qu'il l'était. Plusieurs jours passèrent et puis, un beau matin, je reçus un coup de téléphone d'une Vietnamienne qui vivait à Paris. « Le professeur Untel nous a donné votre nom, me dit-elle. Il nous assure que vous pouvez traduire en anglais. Est-ce vrai ? » « Oui, répondis-je, c'est vrai. » « Bon, fit-elle. Nous avons un travail pour vous. »

Ce travail se trouvait être une traduction de la nouvelle constitution nord-vietnamienne. Je ne voyais pas d'inconvénient à faire cela, mais il me semblait étrange qu'on se fût adressé à moi. On pourrait penser qu'un document de ce genre devrait être traduit par quelqu'un du gouvernement — et directement du vietnamien en anglais, pas à partir du français, et si c'était à partir du français, pas par un ennemi américain vivant à Paris. Je ne posai néanmoins aucune question. Je gardais les doigts croisés en pensant à l'anthologie et ne voulais pas gâcher mes chances, j'acceptai donc ce travail. Le lendemain soir, la femme vint déposer le manuscrit chez moi. C'était une biologiste d'environ trente-cinq ans — mince, sans ornements, d'une extrême réserve. Elle ne fit pas allusion à un salaire, et son silence me suggéra qu'il n'y en aurait pas. Etant donné la complexité des nuances politiques de la situation (la guerre entre nos deux pays, mes sentiments envers cette guerre, et ainsi de suite), je ne me sentais guère disposé à la harceler à propos d'argent. Je me mis au contraire à la questionner sur les poèmes vietnamiens que j'avais lus. A un moment donné, je réussis à la faire asseoir avec moi à ma table pour me dessiner un diagramme expliquant les formes traditionnelles de versification qui avaient excité ma curiosité. Son schéma se révéla très éclairant mais, quand je lui demandai si je pouvais le garder pour m'y référer dans l'avenir, elle secoua la tête, chiffonna le papier et le mit dans sa poche. J'en fus si surpris que je ne dis pas un mot. Par ce seul petit geste, un univers entier m'était révélé, un monde souterrain de peur et de trahison dans lequel même un bout de papier était suspect. Ne faites confiance à personne ; effacez vos traces ; détruisez les indices. Ce n'était pas qu'elle s'inquiétât de ce que je pourrais faire de ce diagramme. Elle agissait simplement par habitude et je ne pouvais m'empêcher de la plaindre, de nous plaindre tous les deux. Cela signifiait que la guerre était partout, que la guerre avait tout coloré.

La constitution avait huit à dix pages et, à

part quelques expressions marxistes-léninistes standard (« chiens courants de l'impérialisme », « valets bourgeois »), c'était plutôt aride. J'en achevai la traduction le lendemain et quand j'appelai mon amie biologiste pour lui annoncer que le travail était terminé, elle manifesta un contentement et une reconnaissance démesurés. C'est alors seulement qu'elle me parla du paiement : une invitation à dîner. « En guise de remerciement », me dit-elle. Le restaurant se trouvait dans le cinquième arrondissement, pas loin de là où j'habitais, et j'y avais déjà mangé plusieurs fois. C'était le plus simple et le moins cher des restaurants vietnamiens de Paris, mais aussi le meilleur. Le seul ornement du lieu était une photographie en noir et blanc de Hô Chi Minh accrochée au mur.

D'autres boulots étaient tout à fait clairs, l'essence même de la simplicité : leçons particulières d'anglais à un lycéen, traduction simultanée pendant un petit colloque international de lettrés juifs (dîner compris), traduction de textes de et sur Giacometti pour le critique d'art David Sylvester. Peu de ces travaux étaient bien payés, mais tous rapportaient quelque chose et, si mon frigo n'était pas toujours très bien garni, j'allais rarement sans un paquet de cigarettes en poche. N'empêche, je n'aurais pas pu subsister seulement de ces bribes et morceaux. Ces petits boulots m'aidaient à tenir le coup mais, additionnés tous ensemble, ils n'auraient pas suffi à me faire vivre pendant plus de quelques semaines, au mieux quelques mois. Il me fallait une autre source de revenus pour payer mes factures et la chance a voulu que j'en trouve une.

Plus exactement, elle m'a trouvé. Pendant les deux premières années que j'ai passées à Paris, elle a représenté la différence entre manger et ne pas manger.

L'histoire remonte à 1967. Pendant mon séjour précédent, quand j'étais étudiant, un ami américain m'avait présenté à une femme que j'appellerai Mme X. Son mari, M. X, était un producteur bien connu de cinéma à l'ancienne (films à grand spectacle, extravagances, « coups »), et c'est grâce à elle que j'ai commencé à travailler pour lui. La première occasion se présenta quelques mois à peine après mon arrivée. Il n'y avait pas le téléphone dans l'appartement que j'avais loué, ce qui était encore le cas de nombreux logements parisiens en 1971, et il n'existait que deux moyens de me joindre : par *pneumatique*, un télégramme urbain rapide envoyé par la poste, ou en venant chez moi frapper à la porte. Un matin, peu après mon réveil, Mme X frappa à la porte. « Que diriez-vous de gagner cent dollars aujourd'hui ? » me demanda-t-elle. Le travail paraissait assez simple : lire un scénario, et puis écrire un résumé de six ou sept pages. La seule contrainte était le temps. Un financier possible du film attendait sur un yacht quelque part en Méditerranée, et le canevas devait lui être livré dans les quarante-huit heures.

Mme X était un personnage flamboyant, tempétueux, la première femme plus-grande-que-nature que j'eusse jamais rencontrée. Mexicaine de naissance, mariée depuis l'âge de dix-huit ou dix-neuf ans, mère d'un garçon qui n'avait que quelques années de moins que moi, elle vivait sa vie avec indépendance, entrant dans l'orbite de son mari et en ressortant d'une manière que j'étais encore trop peu expérimenté pour comprendre. Artiste par tempérament, elle touchait tour à tour à la peinture et à l'écriture, en se montrant douée dans ces deux domaines mais avec trop peu de discipline ou de concentration pour tirer grand-chose de ses dons. Son véritable talent consistait à encourager les autres, et elle s'entourait d'artistes et de futurs artistes de tous âges, fréquentait célébrités et inconnus à la fois en collègue et en mécène. Où qu'elle allât, elle était le centre de l'attention : une femme splendide, à l'âme ardente, avec ses longs cheveux noirs, ses manteaux à capuche et ses bijoux mexicains tintinnabulants — ses humeurs, sa générosité, sa loyauté, sa tête pleine de rêves. D'une manière ou d'une autre, j'étais arrivé sur sa liste, et parce que j'étais jeune et à mes débuts, elle me comptait au nombre de ces amis dont il lui fallait s'occuper, les pauvres, les besogneux qui avaient besoin à l'occasion d'une main secourable.

Il y en avait d'autres, bien sûr, et une paire d'entre eux avaient été invités en même temps que moi ce matin-là pour gagner la même somme ronde qu'on m'avait promise. Cent dollars, aujourd'hui, on dirait de l'argent de poche, mais à l'époque ça représentait plus de la moitié d'un mois de loyer, et je ne pouvais pas me permettre de refuser une somme de cette importance. Le travail devait être fait chez les X, dans leur immense appartement du seizième arrondissement, un vrai palais avec d'innombrables pièces aux plafonds vertigineux. Nous devions commencer à onze heures, et j'arrivai avec une demi-heure d'avance.

J'avais déjà rencontré chacun de mes coéquipiers. L'un d'eux était un Américain de vingt-cinq ans environ, un pianiste maladif et sans emploi qui se baladait avec des chaussures de femme à hauts talons et venait de passer un certain temps à l'hôpital pour un pneumothorax. L'autre était un Français possédant des dizaines d'années d'expérience cinématographique, surtout comme assistant metteur en scène. Il avait à son crédit les courses de char dans *Ben Hur* et les scènes de désert dans *Lawrence d'Arabie*, mais depuis ces jours de richesse et de succès, il en avait connu de plus sombres : dépressions nerveuses, périodes d'internement en hôpital psychiatrique, pas de travail. Lui et le pianiste représentaient pour Mme X des projets majeurs de réinsertion, et le fait de me mettre dans le même sac qu'eux n'était qu'un exemple de sa façon d'opérer. Si bonnes que fussent ses intentions, elles étaient invariablement sapées par des combinaisons complexes et irréalistes, l'envie de faire d'une seule pierre trop de coups. Il est déjà difficile de venir en aide à une personne, mais si on croit pouvoir sauver tout le monde à la fois, on s'expose à des déceptions.

Nous voilà donc, le trio le plus mal assorti qu'on eût jamais réuni, installés autour d'une table gigantesque dans la salle à manger du gigantesque appartement des X. Le scénario en question était gigantesque, lui aussi. Avec ses trois cents pages (trois fois la longueur d'un scénario normal), on aurait dit l'annuaire des téléphones d'une grande ville. Parce que le Français était le seul à posséder une expérience professionnelle du cinéma, le pianiste et moi, nous nous en étions remis à lui et lui avions laissé la direction de la discussion. Il commença par prendre une feuille blanche et entreprit d'y noter des noms d'acteurs. Frank Sinatra, Dean Martin, Sammy Davis Jr., suivis de six ou sept autres. Quand il eut terminé, il frappa des deux mains sur la table avec une grande satisfaction. « Vous voyez ce bout de papier ? » nous demanda-t-il. Le pianiste et moi, nous hochâmes la tête. « Croyez-le ou non, ce petit bout de papier vaut dix millions de dollars. » Il tapota sa liste une ou deux fois puis la poussa de côté. « Dix, peut-être douze millions de dollars. » Il parlait avec une conviction absolue, sans la moindre trace d'humour ni d'ironie. Après un bref silence, il ouvrit le manuscrit à la première page. « Eh bien, dit-il, sommes-nous prêts à commencer ? »

Presque aussitôt, il se mit à s'exciter. A la deuxième ou troisième ligne de la première page, il avait remarqué que le nom d'un des personnages commençait par un Z. « Ah ! ah ! s'exclama-t-il. Voici qui est très important. Faites attention, mes amis. Il va s'agir d'un film politique. Notez bien ce que je vous dis. »

Z était le titre d'un film de Costa-Gavras qui avait connu un grand succès populaire deux années auparavant. C'était sans aucun doute un film où il était question de politique, mais tel n'était pas le cas du scénario qu'on nous avait demandé de résumer. C'était un thriller où il était question de contrebande. L'action se situait principalement au Sahara et mettait en scène des camions, des motocyclettes, des fusils, plusieurs bandes de méchants en guerre les unes avec les autres, et quantité d'explosions spectaculaires. La seule chose qui le différenciait de milliers d'autres films était sa longueur.

Il y avait à peu près une minute et demie que nous étions au travail, et déjà le pianiste avait cessé de s'y intéresser. Il regardait fixement la table en ricanant sous cape des divagations du Français, qui sautait d'absurdité en absurdité. Tout à coup, sans transition ni préambule, le pauvre homme se mit à parler de David Lean, en évoquant une série de discussions philosophiques qu'il avait eues avec le metteur en scène quinze ans plus tôt. Et puis, aussi soudainement, il interrompit ses réminiscences, se leva et se mit à faire le tour de la pièce en redressant les tableaux pendus aux murs. Quand il en eut terminé avec cette tâche, il annonça qu'il allait à la cuisine se chercher une tasse de café. Le pianiste haussa les épaules. « Je crois que je vais aller jouer du piano », dit-il et, sans autre justification, il disparut à son tour.

En attendant leur retour, je commençai à lire le scénario. Je ne savais pas quoi faire d'autre, et quand l'idée me vint enfin qu'ils ne reviendraient ni l'un, ni l'autre, j'en avais parcouru la plus grande partie. Finalement, un des associés de M. X entra par hasard dans la pièce. C'était un Américain sympathique, assez jeune, qui se trouvait être aussi l'ami de cœur de Mme X (les complexités de la maisonnée me paraissaient insondables), et il me suggéra de finir le travail à moi seul, en me garantissant que si je réussissais à produire un résultat acceptable avant sept heures, les trois paiements de cent dollars seraient pour moi. Je lui dis que je ferais de mon mieux. Au moment où je m'apprêtais à filer de là pour retrouver ma machine à écrire, il me donna un conseil excellent : « C'est du cinéma, pas du Shakespeare. Faites ça aussi vulgaire que vous pourrez. »

Je finis par rédiger le synopsis dans le langage extravagant et enflammé des annonces de spectacles hollywoodiennes. S'ils voulaient du vulgaire, j'allais leur donner du vulgaire. J'avais vu suffisamment de bandes-annonces pour en connaître le ton et, en ramassant tous les clichés auxquels je pouvais penser, en accumulant excès sur excès, je réduisis l'histoire à sept pages d'action incessante et frénétique, un bain de sang dépeint dans une prose trépidante, en Technicolor. Je finis de taper à six heures et demie. Une heure plus tard, une voiture conduite par un chauffeur arrivait chez moi pour m'emmener avec mon amie au restaurant où M. et Mme X nous avaient invités à dîner. A l'instant où nous y arrivions, j'étais censé remettre mes pages à M. X en personne.

M. X était un petit homme énigmatique d'une bonne cinquantaine d'années. D'origine russo-juive, il parlait couramment plusieurs langues, passant souvent du français à l'anglais, de l'anglais à l'espagnol dans le courant d'une seule conversation, mais toujours avec le même accent laborieux, comme si en fin de compte il ne s'était senti chez lui dans aucune de ces langues. Il y avait trente ans qu'il était producteur et, au cours d'une carrière tout en hauts et en bas, il avait financé de bons films et de mauvais films, de grands films et de petits films, des œuvres d'art et de la camelote. Certains lui avaient rapporté des sommes énormes, d'autres l'avaient endetté misérablement. Je ne l'avais rencontré que peu de fois avant cette soirée, mais il m'avait toujours fait l'effet d'un personnage un peu sinistre, un homme qui cachait son jeu — rusé, secret, impénétrable. Même quand il vous parlait, vous sentiez qu'il pensait à autre chose, qu'il se livrait à quelques calculs mystérieux qui pouvaient avoir ou non un rapport avec ce qu'il disait. Ce n'était pas qu'ils n'en avaient pas mais, en même temps, ç'aurait été une erreur de supposer qu'ils en avaient.

Ce soir-là, au restaurant, il était manifestement tendu quand j'arrivai. La possibilité d'un coup lucratif dépendait d'un des amis artistes de sa femme, et il était tout sauf optimiste. J'étais à peine assis qu'il me demandait de voir ce que j'avais écrit. Tandis que nous bavardions de tout et de rien autour de la table, M. X, silencieux et ramassé, se plongea dans la lecture de mes paragraphes fleuris et violents. Peu à peu, un sourire apparut sur ses lèvres. Il se mit à hocher la tête tout en tournant les pages, et une ou deux fois on l'entendit même murmurer le mot « bon ». Il ne relevait pas la tête, cependant. Ce n'est qu'après avoir lu la dernière phrase qu'il me regarda enfin en me rendant son verdict :

« Excellent, déclara-t-il, c'est exactement ce que je voulais. » Le soulagement qu'exprimait sa voix était presque palpable.

Mme X fit remarquer qu'elle le lui avait bien dit, et il avoua qu'il avait eu ses doutes. « Je pensais que ce serait trop littéraire, dit-il. Mais c'est bien. C'est tout à fait ce qu'il faut. »

Il devint très démonstratif, après cela. Nous nous trouvions dans un grand restaurant fastueux à Montmartre, et il se mit aussitôt à claquer des doigts pour appeler la fleuriste. Elle arriva en hâte à notre table, et M. X acheta une douzaine de roses qu'il offrit à mon amie, en cadeau impromptu. Ensuite il plongea la main dans sa poche intérieure, en sortit son chéquier et me signa un chèque de trois cents dollars. C'était le premier chèque sur une banque suisse que je voyais de ma vie.

J'étais content d'avoir remis ma copie sous pression, content d'avoir gagné ces trois cents dollars, content d'avoir été entraîné dans les événements absurdes de cette journée, mais lorsque nous eûmes quitté le restaurant et que je me retrouvai chez moi rue Jacques-Mawas, je considérais l'affaire comme terminée. L'idée ne m'effleura pas une seule fois que M. X pouvait avoir d'autres projets pour moi. Un après-midi de la semaine suivante, pourtant, alors qu'assis à ma table je travaillais à un poème, je fus interrompu par quelqu'un qui frappait à ma porte. C'était l'un des sous-fifres de M. X, un homme d'un certain âge que j'avais vu errer dans la maison lorsque je m'y étais rendu mais à qui je n'avais jamais eu l'occasion de parler. Il ne perdit pas un instant. Etes-vous Paul Auster ? me demanda-t-il. Comme je lui répondais que oui, il m'informa que M. X désirait me voir. Quand ? demandai-je. Tout de suite, dit-il. Un taxi nous attend en bas.

C'était un peu comme de se faire arrêter par la police secrète. Je suppose que j'aurais pu décliner l'invitation, mais ce climat romanesque excitait ma curiosité et je décidai d'y aller pour voir de quoi il retournait. Dans le taxi, j'interrogeai mon compagnon sur les raisons d'une telle convocation, mais le vieil homme se contenta de hausser les épaules. M. X lui avait dit de me ramener chez lui, et c'est ce qu'il faisait. Son boulot consistait à obéir aux ordres, pas à poser des questions. Je demeurai donc dans l'obscurité, en ruminant l'affaire à part moi, et la seule explication que je pouvais imaginer était que M. X n'était plus satisfait du travail que j'avais accompli pour lui. Au moment où j'entrais dans son appartement, je m'attendais tout à fait à ce qu'il me prie de lui rendre l'argent.

Il était vêtu d'une veste de smoking en cachemire à revers de satin et, lorsqu'il pénétra dans la pièce où on m'avait dit de l'attendre, je remarquai qu'il se frottait les mains. Je n'avais aucune idée de la signification de ce geste.

« La semaine dernière, dit-il, vous avez fait bon travail pour moi. Maintenant, je veux proposer *package deal*. »

Cela expliquait les mains. C'était le geste d'un homme prêt aux affaires, et tout à coup, à cause de ce manuscrit bâclé que je lui avais concocté l'autre jour en me mordant les joues, il semblait que j'allais faire des affaires avec M. X. Il avait au moins deux choses à me proposer immédiatement et, si tout se passait bien avec ces deux-là, il allait sans dire que d'autres suivraient. J'avais besoin d'argent et j'acceptai, mais non sans une certaine méfiance. Je mettais le pied dans un domaine que je ne comprenais pas et, à moins que je ne garde mon sang-froid, je me rendais compte que des choses étranges m'attendaient. Je ne sais pas pourquoi je savais cela, mais je le savais. Quand M. X se mit à parler de me donner un rôle dans un de ses prochains films, une histoire de cape et d'épée pour laquelle j'aurais besoin de leçons d'escrime et d'équitation, je restai ferme. « Nous verrons, dis-je. La vérité, c'est qu'être acteur ne m'intéresse guère. »

Apparemment, mon synopsis avait plu à l'homme du yacht autant qu'à M. X. Il voulait à présent passer au degré suivant et faire réaliser une traduction du scénario de français en anglais. C'était le premier travail. Le second était un peu moins cousu d'avance. Mme X travaillait à une pièce, m'expliqua M. X, et il avait accepté d'en financer la production au Roundabout Theatre de Londres, la saison prochaine. Le sujet de la pièce était Quetzalcóatl, le mythique serpent à plumes, et comme elle était en grande partie écrite en vers, et comme une grande partie de ces vers était écrite en espagnol, il voulait que j'en fasse une version anglaise et que je m'assure que le drame était jouable. Bien, dis-je, et nous en restâmes là. Je fis les deux boulots, tout le monde fut satisfait et, deux ou trois mois plus tard, la pièce de Mme X fut jouée à Londres. C'était une production de complaisance, naturellement, mais la critique fut bonne et, tout bien considéré, la pièce reçut un excellent accueil. Un éditeur anglais qui avait assisté à l'une des représentations fut si impressionné par ce qu'il avait vu qu'il proposa à Mme X de transformer la pièce en un récit en prose qu'il publierait.

C'est alors que les rapports devinrent délicats

entre moi et M. X. Mme X n'était pas capable d'écrire le livre elle-même, et il pensait que j'étais la seule personne sur terre à pouvoir l'aider. J'aurais pu accepter ce travail en d'autres circonstances, mais comme il voulait aussi que j'aille au Mexique pour le faire, je lui déclarai que ça ne m'intéressait pas. La raison pour laquelle le livre devait être écrit au Mexique ne me fut jamais expliquée. Recherches, couleur locale, quelque chose de ce genre, je ne suis pas sûr. J'aimais bien Mme X, mais la perspective de me retrouver en sa compagnie pendant une période indéterminée m'avait l'air de tout sauf d'une bonne idée. Je n'avais même pas besoin de réfléchir à la proposition de M. X. Je la refusai sur-le-champ, en supposant l'affaire close une fois pour toutes. Les événements me donnèrent tort. La véritable indifférence est une force, je l'appris, et mon refus de me charger de ce travail irrita M. X et lui porta sur les nerfs. Il n'avait pas l'habitude qu'on lui dise non, et il entreprit avec acharnement de me faire changer d'avis. Pendant plusieurs mois, il mit toutes ses forces en œuvre afin de venir à bout de ma résistance, m'assiégeant de lettres, de télégrammes et de promesses de sommes d'argent toujours plus grandes. Finalement, à contrecœur, j'ai cédé. Comme pour toutes les mauvaises décisions que j'ai prises dans ma vie, j'ai agi contre mon jugement, en laissant des considérations secondaires influencer la clarté de mes instincts. Dans ce cas-là, ce fut l'argent qui fit pencher la balance. J'étais alors dans une mauvaise passe, en train de perdre désespérément du terrain dans ma lutte pour rester solvable, et l'offre de M. X était devenue si importante, elle allait éliminer tant de mes problèmes en une fois que je me persuadai d'accepter la sagesse du compromis. Je me croyais intelligent. Une fois descendu de mon grand cheval, je posai mes conditions dans les termes les plus durs que je pus trouver. J'irais au Mexique pendant un mois exactement, déclarai-je — ni plus, ni moins —, et je voulais être entièrement payé en espèces avant de quitter Paris. C'était la première fois que je négociais quelque chose, mais j'étais décidé à me protéger, et je refusai de céder sur un seul de ces points. M. X ne parut pas ravi de mon intransigeance mais il comprit que je n'irais pas plus loin et il accéda à mes exigences. Le jour même de mon départ au Mexique, je déposai sur mon compte en banque vingt-cinq billets de cent dollars. Quoi qu'il arrivât pendant le mois suivant, je ne me retrouverais pas sans le sou à mon retour.

Je m'attendais à ce que ça tourne mal, mais pas au point où c'est arrivé. Sans ressasser toute cette affaire compliquée (l'homme qui a menacé de me tuer, la jeune fille schizophrène qui me prenait pour un dieu hindou, la détresse alcoolique et suicidaire répandue dans toutes les maisons où je suis entré), les trente jours que j'ai passés au Mexique comptent parmi les plus sombres, les plus inquiétants de ma vie. Mme X était déjà là depuis quelques semaines quand j'arrivai, et je compris bientôt qu'elle n'était pas en état de travailler au livre. Son amant venait de la quitter, et ce drame amoureux l'avait plongée dans les affres d'un désespoir aigu. Loin de moi de lui faire reproche de ses sentiments, mais elle était si folle de douleur, si bouleversée par le chagrin que le livre était devenu le cadet de ses soucis. Que pouvais-je faire ? Je m'efforçais de la mettre au travail, de la convaincre de s'asseoir avec moi pour discuter du projet, mais ça ne l'intéressait plus, tout simplement. Chaque fois que nous faisions une tentative, la conversation déviait rapidement vers d'autres sujets. Cent fois plutôt qu'une, elle s'écroula en larmes. Cent fois plutôt qu'une, nous n'arrivâmes nulle part. Après plusieurs de ces expériences, je compris que la seule raison pour laquelle elle se donnait la peine d'essayer, c'était moi. Elle savait qu'on me payait pour l'aider, et elle ne voulait pas me laisser tomber, ne voulait pas admettre que j'étais venu de si loin pour rien.

C'était là le défaut essentiel de notre arrangement. Penser que quelqu'un qui n'est pas écrivain peut écrire un livre, c'est déjà une proposition douteuse mais, à supposer qu'une telle chose soit possible, et à supposer que la personne qui veut écrire le livre ait quelqu'un pour l'aider, peut-être qu'ensemble, en travaillant dur et avec obstination, les deux pourront arriver à un résultat acceptable. Par contre, si la personne qui n'est pas écrivain n'a pas envie d'écrire le livre, à quoi sert l'autre ? Telle était l'impasse où je me trouvais. Je ne demandais pas mieux que d'aider Mme X à écrire son livre, mais je ne pouvais l'aider que si elle avait envie de l'écrire, et si elle n'en avait pas envie, il n'y avait rien que je puisse faire sinon attendre que cette envie lui vienne.

J'attendais donc, en rongeant mon frein dans

ce petit village de Tepotzolán et en espérant que Mme X allait se réveiller un beau matin et s'apercevoir qu'elle considérait la vie d'un œil neuf. J'habitais chez le frère de Mme X (dont le mariage malheureux avec une Américaine vivait ses derniers jours) et je passais mes journées à me balader sans but dans la ville poussiéreuse, à enjamber des chiens galeux, à chasser les mouches de mon visage et à accepter les invitations à boire d'ivrognes locaux. Ma chambre occupait une petite annexe en stuc dans la propriété du frère, et je dormais sous un filet de mousseline afin de me protéger des tarentules et des moustiques. La jeune folle venait sans cesse avec l'un de ses amis, un Hare Krishna d'Amérique centrale au crâne rasé et aux robes orange, et l'ennui me rongeait, telle une maladie tropicale. J'écrivis un ou deux poèmes brefs mais le reste du temps je me languissais, incapable de penser, accablé en permanence par une angoisse sans nom. Même les nouvelles du monde extérieur étaient mauvaises. Un tremblement de terre avait tué des milliers de gens au Nicaragua et mon joueur de base-ball préféré, Roberto Clemente, le joueur plus élégant et le plus électrifiant de sa génération, s'écrasa avec un petit avion qui tentait d'apporter des secours d'urgence aux victimes. S'il ressort quelque chose de plaisant des miasmes et de la stupeur de ce mois, ce seraient les heures que j'ai passées à Cuernavaca, la radieuse petite cité que dépeint Malcolm Lowry dans *Au-dessous du volcan*. Là, tout à fait par hasard, j'ai été présenté à un homme que l'on m'a décrit comme le dernier descendant vivant de Montezuma. Un grand bonhomme plein de dignité, avec des manières impeccables et un foulard de soie autour du cou.

Quand je revins enfin à Paris, M. X me donna rendez-vous dans le hall d'un hôtel des Champs-Elysées. Pas l'hôtel *George-V*, un autre, juste en face. Je ne me rappelle pas pourquoi il avait choisi cet endroit, mais je suppose que ce devait être en rapport avec un autre rendez-vous qu'il avait prévu avant de me rencontrer, une simple question pratique. En tout cas, nous ne parlâmes pas dans l'hôtel. J'étais à peine arrivé qu'il me fit ressortir et me désigna sa voiture, qui nous attendait devant l'entrée. C'était une Jaguar fauve avec des garnitures de cuir, et l'homme assis au volant était vêtu d'une chemise blanche. « Nous parlerons ici, déclara M. X, c'est plus intime. » Nous nous installâmes sur le siège arrière, le chauffeur démarra et la voiture s'éloigna du trottoir. « Faites un tour », dit M. X au chauffeur. J'eus soudain l'impression d'avoir atterri dans un film de gangsters.

Presque toute l'histoire lui était alors connue, mais il voulait que je lui fasse un compte rendu complet, une autopsie de l'échec. Je fis de mon mieux pour décrire ce qui était arrivé, en répétant plus d'une fois combien je regrettais que le livre n'eût pas marché, mais du moment que le cœur de Mme X n'y était plus, expliquais-je, je ne pouvais plus faire grand-chose pour la motiver. M. X parut accepter tout cela avec beaucoup de calme. A en juger par les apparences, il n'était pas en colère, pas même spécialement déçu. Et puis, alors que je croyais que notre entretien touchait à sa fin, il souleva la question de ma rémunération. Puisque rien n'avait été accompli, disait-il, il ne semblait que juste que je lui rende l'argent, n'est-ce pas ? Non, répliquai-je, ça ne semblait pas juste du tout. Un accord est un accord, j'étais allé de bonne foi au Mexique et j'avais respecté ma part du contrat. Personne n'avait jamais suggéré que j'écrive le livre *pour* Mme X. J'étais censé l'écrire *avec* elle, et si elle ne voulait plus faire ce travail, ce n'était pas à moi de l'y obliger. C'était pour cela, précisément, que j'avais demandé l'argent d'avance. J'avais peur qu'il n'arrive une chose de ce genre, et j'avais besoin d'être sûr que mon temps serait payé — quelle que fût l'issue de l'entreprise.

Il voyait la logique de mes arguments, mais cela ne signifie pas qu'il était disposé à faire marche arrière. Bon, dit-il, gardez l'argent, mais si vous voulez que je continue à vous employer, vous devrez exécuter quelques travaux de plus afin de solder nos comptes. En d'autres termes, au lieu de me demander de lui retourner l'argent en espèces, il voulait que je le lui rende sous forme de travail. Je lui dis que c'était inacceptable. Nos comptes étaient soldés, déclarai-je, je ne lui devais rien et s'il voulait m'embaucher pour d'autres travaux, il devrait me payer ceux-ci à leur juste valeur. Inutile de dire que cela lui paraissait inacceptable. Je croyais que vous vouliez un rôle dans le film, déclara-t-il. Je n'ai jamais dit ça, rétorquai-je. Parce que si vous le voulez, reprit-il, il faut d'abord régler cette affaire. Une fois de plus, je lui répétai qu'il n'y avait rien à régler. Très bien, conclut-il, si tel est votre avis, nous n'avons plus rien à nous dire.

Et là-dessus, il se détourna de moi et ordonna au chauffeur d'arrêter la voiture.

Il y avait une demi-heure que nous tournions en rond, en dérivant lentement vers la périphérie de Paris, et le quartier où nous étions arrivés ne m'était pas familier. C'était une froide nuit de janvier et je n'avais aucune idée de l'endroit où je me trouvais, mais la conversation était terminée et il ne me restait rien d'autre à faire que dire au revoir à M. X et sortir de la voiture. Si je me souviens bien, nous ne nous sommes même pas serré la main. Je suis descendu sur le trottoir, j'ai fermé la portière et la voiture est repartie. Ainsi s'est achevée ma première incursion dans le cinéma.

Je suis resté encore dix-huit mois en France, dont une moitié à Paris et l'autre en Provence, dans une ferme au nord du Var où nous avions été, mon amie et moi, engagés comme gardiens. A mon retour à New York, j'avais moins de dix dollars en poche et pas un seul plan concret pour l'avenir. J'avais vingt-sept ans et, sans rien d'autre à faire valoir qu'un recueil de poèmes et une poignée d'obscurs essais littéraires, je n'étais pas plus près d'avoir résolu mes problèmes d'argent qu'avant de quitter l'Amérique. Comme pour compliquer la situation, nous avons décidé, mon amie et moi, de nous marier. C'était un coup de tête, mais puisque tant de choses allaient changer, nous nous disions : pourquoi ne pas foncer et changer tout à la fois ?

Je me mis aussitôt à chercher du travail. Je donnais des coups de téléphone, suivais des filières, me rendais à des interviews, explorais toutes les possibilités que je pouvais. J'essayais de me conduire de façon raisonnable et, après tous les hauts et les bas que j'avais connus, toutes les mauvaises passes et les situations désespérées où je m'étais laissé piéger depuis des années, j'étais décidé à ne pas répéter mes anciennes erreurs. J'avais appris ma leçon, pensais-je, et cette fois j'allais prendre les choses en main.

Mais je n'avais rien appris, et je n'ai rien pris en main. Malgré toutes mes belles intentions, il s'avéra que j'étais incorrigible. Ce ne fut pas faute d'avoir trouvé un travail, mais au lieu d'accepter le poste à plein temps qu'on me proposait (un poste de *junior editor* dans une maison d'édition), j'optai pour un boulot à mi-temps et moitié moins payé. Je m'étais promis d'avaler la pilule, mais à l'instant où elle m'était présentée, je fermais la bouche. Jusqu'à cet instant, je n'avais pas soupçonné que j'allais ainsi me dérober, pas soupçonné l'obstination de ma résistance. Contre toute évidence, je n'avais apparemment pas encore abandonné l'espoir vain et stupide de survivre à ma façon. Je voulais une indépendance totale, et quand quelques travaux de traduction en free-lance se présentèrent, je renonçai à mon emploi et repris mon vol solitaire. Du début à la fin, l'expérience avait duré sept mois. Si courte que fût cette période, elle a été la seule de ma vie d'adulte où j'ai gagné un salaire régulier.

A tous égards, l'emploi que j'avais trouvé était très bien. Mon patron était Arthur Cohen, un homme aux intérêts multiples, à la grande fortune, au cerveau de premier plan. Auteur de romans et d'essais, ex-directeur d'une société d'édition, collectionneur d'art passionné, il venait de monter une petite affaire, tel un trop-plein à son excès d'énergie. Mi-danseuse, mi-entreprise commerciale sérieuse, Ex-Libris était un fonds de livres d'art spécialisé dans les publications en rapport avec l'art du XXe siècle. Pas des livres *sur* l'art, mais des manifestations de l'art proprement dit. Des revues publiées par le mouvement dada, par exemple, ou des livres conçus par des membres du Bauhaus, des photographies de Stieglitz, une édition des *Métamorphoses* d'Ovide illustrée par Picasso. Ainsi que l'annonçait la page quatre de couverture de chacun des catalogues d'Ex-Libris : « Des livres et des périodiques en édition originale pour la documentation relative à l'art du XXe siècle : futurisme, cubisme, Dada, Bauhaus et constructivisme, De Stijl, surréalisme, expressionnisme, art d'après-guerre ainsi qu'architecture, typographie, photographie et arts graphiques. »

Arthur commençait à peine à faire décoller l'opération quand il m'embaucha comme unique employé. Ma tâche maîtresse consistait à l'aider à rédiger les catalogues d'Ex-Libris, qui sortaient deux fois par an et comptaient un peu plus de cent pages. J'étais aussi chargé d'écrire des lettres, d'organiser les envois en nombre de catalogues, de répondre aux commandes et de préparer des sandwichs au thon pour le déjeuner. Je passais les matinées chez moi, occupé à mon propre travail, et à midi je descendais dans Riverside Drive et prenais le bus n° 4 pour me rendre au bureau. Un appartement loué dans un immeuble *brownstone* de la 69e Rue Est abritait les possessions d'Ex-Libris, et ses deux pièces étaient bourrées de milliers de livres, de revues et d'imprimés divers. Amoncelés sur les tables, coincés sur les étagères, empilés dans des placards, ces objets précieux avaient envahi l'espace entier. Je passais là quatre ou cinq heures tous les après-midi et c'était un peu comme de travailler dans un musée, un petit sanctuaire consacré à l'avant-garde.

Arthur travaillait dans l'une des pièces et moi dans l'autre, chacun devant un bureau où nous passions en revue les documents mis en vente et préparions les articles méticuleux de notre catalogue sur des fiches de cinq pouces sur sept[*]. Tout ce qui avait à voir avec le français et l'anglais était pour moi ; Arthur s'occupait de l'allemand et du russe. La typographie, les arts graphiques et l'architecture relevaient de son domaine ; j'étais chargé de tout ce qui était littéraire. Le travail était d'une précision un peu surannée (il fallait mesurer les livres, les examiner en quête d'imperfections, en détailler la provenance si nécessaire), mais la plupart des objets étaient très émouvants à manipuler et Arthur me laissait entière liberté d'exprimer mes opinions à leur sujet, et même d'injecter par-ci, par-là une dose d'humour si l'envie m'en prenait. Quelques exemples extraits du deuxième catalogue donneront une idée de ce que représentait ce travail :

> 233. DUCHAMP, M. ET HALBERSTADT, V. *L'opposition et les cases conjuguées sont réconciliées* par M. Duchamp et V. Halberstadt. Editions de l'Echiquier, Saint-Ger-

[*] 13 x 18 centimètres. (*N.d.T.*)

main-en-Laye et Bruxelles, 1932. Texte parallèle en allemand et en anglais sur les pages de gauche. 112 pages à double numérotation, avec 2 illustrations en couleur. 9 5/8 x 11. Couverture papier imprimée.

Le fameux livre sur les échecs écrit et mis en pages par Duchamp (Schwarz, p. 589). Bien qu'il s'agisse d'un texte sérieux, consacré à un problème d'échecs réel, il est néanmoins d'une obscurité qui le rend presque sans valeur. Schwarz cite Duchamp, qui aurait dit : « Les fins de parties sur lesquelles ces faits s'articulent sont sans aucun intérêt pour un joueur d'échecs ; et c'est ce qu'ils ont de plus drôle. Seules trois ou quatre personnes au monde s'y intéressent, et ce sont celles qui ont tenté le même type de recherches que Halberstadt et moi, puisque nous avons écrit le livre ensemble. Les champions d'échecs ne lisent jamais ce livre, parce que le problème qu'il pose ne se présente jamais réellement plus d'une fois dans une vie. Ce sont des problèmes de fin de partie que l'on peut rencontrer, mais leur rareté les rend presque utopiques (p. 63). » $ 1 000

394. (STEIN, GERTRUDE). *Témoignage : contre Gertrude Stein*. Textes par Georges Braque, Eugène Jolas, Maria Jolas, Henri Matisse, André Salmon, Tristan Tzara. Servire Press, La Haye, février 1935. *(Transition*, « Pamphlet n° 1 » ; supplément à *Transition* 1934-1935 ; n° 23). 16 pages 5 11/16 x 8 7/8. Couverture papier imprimée. Agrafé.

A la lumière de la grande résurrection de Stein dans les années soixante-dix, la valeur permanente de ce pamphlet ne peut être contestée. Il sert d'antidote à l'autocomplaisance littéraire et, en soi, est un document important de l'histoire littéraire et artistique. A la suite des erreurs et déformations de faits présentes dans l'*Autobiographie d'Alice B. Toklas*, *Transition* a organisé ce forum dans le but de permettre à certaines des personnalités dont il est question dans le livre de Miss Stein de démentir le portrait qu'elle en fait. Le verdict semble unanime. Matisse : « En bref, c'est un peu comme un costume d'Arlequin dont les différents morceaux, plus ou moins inventés par elle, auraient été cousus ensemble sans goût et sans rapport avec la réalité. » Eugène Jolas : « L'*Autobiographie d'Alice Toklas*, avec sa bohème creuse et clinquante et ses déformations égocentriques, pourrait bien devenir un jour le symbole de la décadence qui menace la littérature contemporaine. » Braque : « Mlle Stein ne comprenait rien à ce qui se passait autour d'elle. » Tzara : « Sous le style *baby*, assez plaisant quand il s'agit de minauder dans les interstices de l'envie, on discerne aisément un esprit en réalité si grossier, si habitué aux artifices de la plus basse prostitution littéraire, que je ne crois pas nécessaire d'insister sur la présence d'un cas clinique de mégalomanie. » Salmon : « Et quelle confusion ! Quelle incompréhension d'une époque ! Heureusement il en est d'autres qui l'ont mieux décrite. » Enfin, le texte de Maria Jolas est particulièrement remarquable pour sa description détaillée des premiers temps de *Transition*. Ce pamphlet n'était pas, à l'origine, vendu séparément. $ 95

437. GAUGUIN, PAUL. *Noa Noa. Voyage de Tahiti*. Les Editions G. Crès & Cie, Paris, 1924. 154 pages. Illustré de 22 bois d'après Paul Gauguin par Daniel de Monfreid. 5 3/4 x 7 15/16. Jaquette papier illustrée sur papier.

Il s'agit ici de la première édition définitive, y compris des textes d'introduction et des poèmes de Charles Morice. Le récit des deux premières années de Gauguin à Tahiti, remarquable non seulement pour ses révélations biographiques significatives mais aussi pour sa manière intuitivement anthropologique d'aborder une culture étrangère. Gauguin se conforme au précepte de Baudelaire : « Dites, qu'avez-vous vu ? » et le résultat est un miracle de vision : un Français, au plus fort du colonialisme européen, qui voyage dans un « pays sous-développé » non pour conquérir ni pour convertir, mais pour apprendre. Cette expérience est l'événement central de la vie de Gauguin, à la fois en tant qu'artiste et en tant qu'homme. Egalement : *Noa Noa*, traduit en anglais par O. F. Theis,

Nicholas L. Brown, New York, 1920 (cinquième édition, première édition en 1919). 148 pages + 10 reproductions de Gauguin. 5 5/16 x 7 13/16. Papier et toile sur carton. (Quelques menues macules sur l'édition française ; dos des éditions française et anglaise légèrement abîmés) $ 65

509. RAY, MAN. *Mr and Mrs Woodman*. Edition Unida, s. l., 1970. Pages non numérotées ; avec 27 photographies originales et une gravure signée et numérotée de Man Ray. 10 1/2 x 11 7/8. Reliure cuir, pages carton dorées sur tranche ; coffret cuir marbré.

L'une des plus étranges des nombreuses œuvres étranges de Man Ray. Mr et Mrs Woodman sont deux figures de bois, telles des marionnettes, fabriquées par Man Ray à Hollywood en 1947 et le livre, composé en 1970, consiste en une série de montages photographiques de ces pantins spirituels et étonnamment vivants dans quelques-unes des positions érotiques les plus contournées qu'on puisse imaginer. En un sens, ce livre ne pourrait être mieux décrit que comme un guide sexuel à l'usage des personnages de bois. D'une édition limitée à 50 exemplaires, voici le numéro 31, signé par Man Ray. Toutes les photographies sont des originaux de l'artiste et portent sa marque. En insert se trouve une gravure originale, numérotée et signée, réalisée par Man Ray spécialement pour cette édition. $ 2 100

Nous nous entendions bien, Arthur et moi, sans tension ni conflits, et nous travaillions ensemble dans une atmosphère amicale et paisible. Si j'avais été quelqu'un d'un peu différent, j'aurais pu conserver cet emploi pendant des années mais, étant donné que je ne l'étais pas, je commençai au bout de quelques mois à m'ennuyer et à m'impatienter. J'aimais bien parcourir les ouvrages au sujet desquels il me fallait écrire, mais je n'avais pas la tournure d'esprit d'un collectionneur et je ne parvenais jamais à ressentir à l'égard de ce que nous vendions le respect et la vénération convenables. Quand on s'apprête à écrire à propos du catalogue conçu par Marcel Duchamp pour l'exposition surréaliste de 1947 à Paris, par exemple — celui dont la couverture arbore un sein de caoutchouc, le célèbre postiche flanqué de l'injonction : « Prière de toucher » — et qu'on trouve ce catalogue protégé par plusieurs couches de film à bulles qui, à leur tour, ont été entourées d'un épais papier brun qui, à son tour, a été glissé dans un sac en plastique, on ne peut s'empêcher de s'arrêter un instant en se demandant si on ne perd pas son temps. *Prière de toucher*. L'impératif de Duchamp est un jeu évident sur les pancartes qu'on rencontre partout en France : *Défense de toucher*. Il renverse l'interdit et nous incite à caresser l'objet qu'il a fabriqué. Et quel meilleur objet que ce sein moelleux, parfaitement formé ? Ne le vénérez pas, dit-il, ne le prenez pas au sérieux, ne vous prosternez pas devant cette activité frivole que nous appelons art. Vingt-sept ans plus tard, l'avertissement est à nouveau renversé. Le sein nu a été couvert. La plaisanterie a été transformée en une transaction d'un sérieux mortel, et une fois de plus l'argent a le dernier mot.

Je ne veux pas ici critiquer Arthur. Personne n'aimait plus que lui ces objets-là, et si les catalogues que nous adressions aux acheteurs potentiels étaient des véhicules commerciaux, ils étaient aussi des œuvres d'érudition, des documents rigoureux en eux-mêmes. La différence entre nous ne venait pas de ce que je comprenais les choses mieux que lui (ç'aurait plutôt été le contraire), mais de ce qu'il était un homme d'affaires et moi pas, ce qui expliquait pourquoi lui était le patron et moi je ne gagnais que quelques maigres dollars de l'heure. Arthur prenait plaisir à réaliser des bénéfices, il aimait à se démener pour faire marcher l'entreprise et obtenir des succès, et s'il était en même temps un homme de culture d'un grand raffinement, un véritable intellectuel qui vivait dans et pour le monde des idées, on ne pouvait nier le fait qu'il était un entrepreneur astucieux. Apparemment, la vie de l'esprit n'était pas incompatible avec le goût de l'argent. Je me connaissais assez pour savoir qu'une telle chose n'était pas possible pour moi, mais je voyais à présent qu'elle l'était pour d'autres. Il y avait des gens qui n'étaient pas obligés de choisir. Ils n'avaient pas à diviser le monde en deux camps distincts. Ils pouvaient bel et bien vivre des deux côtés à la fois.

Quelques semaines après que j'avais commencé à travailler pour lui, Arthur me recommanda à un ami qui cherchait à engager quelqu'un pour un travail de courte durée. Arthur savait qu'un supplément de revenu ne me serait pas inutile, et je rapporte ce petit service comme un exemple de sa générosité envers moi. Parce qu'il se trouve que cet ami était Jerzy Kosinski et que ce travail m'a impliqué dans l'édition du dernier livre de Kosinski, l'épisode vaut la peine d'être raconté. Une controverse intense entoure Kosinski depuis quelques années, et comme elle émane pour une bonne part du roman auquel j'ai travaillé *(Cockpit)*, je voudrais ajouter mon témoignage à l'ensemble.

Ainsi qu'Arthur me l'avait expliqué, ma tâche consistait simplement à relire le manuscrit et à m'assurer que l'anglais était correct. Puisque l'anglais n'était pas la première langue de Kosinski, il me semblait tout à fait raisonnable qu'il souhaitât faire contrôler sa prose avant de remettre le livre à son éditeur. Ce que j'ignorais, c'est que d'autres avant moi avaient travaillé sur ce manuscrit — trois ou quatre autres, cela dépend des récits qu'on en lit. Kosinski ne me parla jamais de cette aide antérieure, et de toute façon les problèmes qui restaient ne venaient pas de ce que l'anglais ne sonnait pas comme de l'anglais. Les défauts étaient plus fondamentaux que cela, ils concernaient plus le livre lui-même que la façon dont l'histoire était racontée. Je corrigeai quelques phrases ici, changeai quelques mots là mais, pour l'essentiel, le roman était terminé quand on me l'avait confié. Laissé à moi-même, j'aurais pu achever l'ouvrage en un jour ou deux et pourtant, parce que Kosinski refusait de laisser le manuscrit sortir de chez lui et que je devais pour y travailler me rendre à son appartement de la 57ᵉ Rue Ouest, et parce qu'il était sans cesse à me tourner autour, à m'interrompre toutes les vingt minutes avec des histoires, des anecdotes ou un bavardage nerveux, le boulot traîna pendant sept jours. Je ne sais pas pourquoi, mais Kosinski paraissait terriblement désireux de m'impressionner, et en vérité c'est ce qu'il fit. Il se montrait si tendu, se comportait de façon si étrange et si folle, que je ne pouvais rester indifférent. Ce qui rendait ces interruptions doublement bizarres et embarrassantes, c'est qu'à peu près toutes les histoires qu'il me racontait apparaissaient aussi dans son livre — ce roman dont les pages étaient étalées devant moi quand il entrait dans la pièce pour bavarder. Comment son cerveau magistral lui avait permis de s'échapper de Pologne, par exemple. Ou comment il rôdait dans Times Square à deux heures du matin, déguisé en flic en civil portoricain. Ou comment, à l'occasion, il entrait dans des restaurants chic vêtu d'un faux uniforme militaire (fait pour lui par son tailleur et ne représentant ni rang, ni pays, ni force identifiable) et, parce que cet uniforme avait de l'allure et qu'il était couvert d'innombrables étoiles et médailles, les maîtres d'hôtels lui donnaient leurs meilleures tables — sans réservation, sans pourboire, sans un regard échangé. Bien que le livre fût en principe une œuvre de fiction, quand Kosinski me racontait ces histoires, il les présentait comme des faits, des événements réels de sa vie. Etait-il conscient de la différence ? Je n'en suis pas certain, je ne pourrais même pas le deviner mais, si je devais donner une réponse, je dirais que oui. Il me paraissait trop intelligent, trop subtilement conscient de lui et de l'effet qu'il produisait sur les autres pour ne pas s'amuser du trouble qu'il provoquait. Le thème commun à ces histoires était la tromperie, après tout, le plaisir de se payer la tête des gens, et à sa façon de rire quand il me les racontait — comme s'il exultait, comme s'il se repaissait de son propre cynisme — j'avais l'impression qu'il était peut-être simplement en train de se jouer de moi, de m'arroser de compliments dans le but de tester les limites de ma crédulité. Peut-être. Et encore, peut-être que non. Ma seule certitude, c'est que Kosinski était un homme d'une complexité labyrinthique. Quand les rumeurs ont commencé à circuler à son sujet vers le milieu des années quatre-vingt, et que des articles sont apparus dans des revues, l'accusant de plagiat, d'usage de nègres et de mensonges quant à son passé, je n'ai pas été étonné. Des années plus tard, quand il s'est donné la mort en s'étouffant à l'aide d'un sac en plastique, je l'ai été. Il est mort dans ce même appartement où j'avais travaillé pour lui en 1974, dans cette salle de bains où je m'étais lavé les mains. Dès l'instant où j'y pense, je revois tout.

A part cela, les mois que j'ai passés chez Ex-Libris ont été calmes. Il n'arrivait presque rien et, comme la majeure partie des affaires était traitée par courrier, il était rare que quelqu'un vienne à l'appartement nous distraire de notre travail. Un jour, pourtant, en fin d'après-midi, alors qu'Arthur était sorti faire une course, John Lennon frappa à la porte ; il voulait regarder les photographies de Man Ray.

— Salut, dit-il en me tendant la main. Je m'appelle John.

— Salut, répondis-je en saisissant la main et en la secouant un bon coup, je m'appelle Paul.

Tandis que je cherchais les photographies dans l'une des armoires, Lennon se planta devant la toile de Robert Motherwell qui se trouvait au mur derrière le bureau d'Arthur. Ce tableau ne représentait pas grand-chose — deux raies noires sur un grand fond orange — et, après l'avoir examiné pendant quelques instants, Lennon se tourna vers moi et dit : « On dirait que celui-là a demandé beaucoup de travail, hein ? » A côté de toute la pieuse complaisance qui régnait dans le monde des arts, je trouvai réconfortant de l'entendre dire ça.

Nous nous sommes séparés en bons termes, Arthur et moi, sans rancune d'une part ni de l'autre. J'avais pris soin de me trouver un remplaçant avant de le quitter, et cela a rendu mon départ relativement simple et sans douleur. Nous avons gardé le contact pendant quelque temps, en nous téléphonant de temps à autre pour échanger les dernières nouvelles, mais nous avons fini par nous perdre de vue et quand Arthur est mort de leucémie, il y a plusieurs années, je ne me souvenais même plus de notre dernière conversation. Et puis il y a eu le suicide de Kosinski. Ajoutez à cela le meurtre de John Lennon, plus de dix ans auparavant, et presque tous les témoins de cette période de ma vie ont disparu. Même l'ami d'Arthur, Robert Motherwell, le bon artiste responsable du mauvais tableau qui avait provoqué le commentaire de Lennon, n'est plus avec nous. Arrivé à un certain moment de sa vie, on s'aperçoit qu'on passe ses journées en compagnie des morts autant qu'en celle des vivants.

Les deux années suivantes furent marquées par une activité intense. Entre mars 1975, où j'ai cessé de travailler pour Ex-Libris, et juin 1977, quand mon fils est né, j'ai produit deux nouveaux recueils de poésie, écrit plusieurs pièces en un acte, publié quinze ou vingt textes critiques et traduit une demi-douzaine de livres avec ma femme, Lydia Davis. Ces traductions étaient notre principale source de revenus, et nous travaillions ensemble, en équipe, pour tant de dollars par millier de mots, en acceptant tous les boulots qu'on nous proposait. A l'exception d'un livre de Sartre (*Situations 10*, un recueil d'essais et d'entretiens), les ouvrages que nous confiaient les éditeurs étaient des œuvres ennuyeuses et banales dont la qualité allait du pas très bon au carrément mauvais. Côté argent, ce n'était pas fameux non plus et, en dépit du fait que nos tarifs augmentaient d'un livre à l'autre, si l'on calculait nos gains sur une base horaire, nous n'étions guère qu'un sou ou deux au-dessus du salaire minimum. La solution consistait à travailler rapidement, à mouliner les traductions aussi vite que possible, sans jamais nous arrêter pour souffler. Il existe certainement des façons plus inspirantes de gagner sa vie mais, Lydia et moi, nous nous attelions à ces taches avec beaucoup de discipline. Un éditeur nous confiait un livre, nous nous partagions l'ouvrage (allant jusqu'à déchirer le volume en deux si nous ne disposions que d'un exemplaire), et nous nous imposions un quota journalier. Ce quota, rien n'était autorisé à nous en détourner. Il fallait faire tant de pages par jour et chaque jour, que nous soyons d'humeur ou non, nous nous appliquions à les faire. Il eût été tout aussi lucratif de fabriquer des hamburgers, mais au moins nous étions libres, ou au moins nous pensions être libres, et je n'éprouvais jamais le moindre regret d'avoir quitté mon emploi. Pour le meilleur ou pour le pire, c'était ainsi que j'avais choisi de vivre. Entre les traductions pour l'argent et l'écriture pour moi, il n'y a guère eu de moment, pendant ces années-là, où je n'étais pas assis à mon bureau, en train de poser des mots sur une feuille de papier.

Ce n'était pas pour l'argent que j'écrivais des critiques, mais on me payait la plupart des articles que je publiais et cela contribuait jusqu'à un certain point à arrondir mon revenu. Tout de même, subsister était un combat et, d'un mois à l'autre, nous ne nous trouvions jamais qu'à quelques pas de la réelle pauvreté. Et puis, en automne 1975, après six mois de cet exercice de corde raide à deux, ma chance a tourné. J'ai reçu une bourse de cinq mille dollars de la fondation Ingram-Merrill et, pendant quelque temps, la tension a diminué. Cet argent était si inattendu, si énorme par ses ramifications, que j'avais l'impression qu'un ange était descendu du ciel pour me poser un baiser sur le front.

Le responsable de cet heureux coup du sort était John Bernard Myers. John ne m'a pas donné l'argent de sa poche, mais c'est lui qui m'a parlé de la fondation et m'a encouragé à postuler pour la bourse. Le vrai bienfaiteur, bien sûr, était le poète James Merrill. En silence, avec la plus grande discrétion possible, il partageait depuis plusieurs années avec d'autres écrivains et artistes la fortune de sa famille, en se dissimulant derrière son deuxième nom afin de ne pas attirer l'attention sur son étonnante générosité. Un comité se réunissait tous les six mois pour examiner les nouvelles demandes et distribuer les bourses. John était le secrétaire de ce comité et, bien qu'il ne prît pas part au choix des bénéficiaires, il participait aux réunions et connaissait les opinions de ses membres. Rien n'était certain, disait-il, mais il pensait qu'ils pourraient avoir envie de m'encourager dans mon travail. Je rassemblai donc quelques échantillons de mes poèmes et les envoyai. A la réunion semestrielle suivante, l'intuition de John fut vérifiée.

Je ne crois pas avoir jamais connu quelqu'un de plus drôle ni de plus expansif que John. La première fois que je l'ai rencontré, à la fin de 1974, il faisait depuis trente ans partie intégrante de la scène new-yorkaise, connu surtout en tant que directeur de la galerie Tibor de Nagy dans les années cinquante, mais aussi comme cofondateur de l'Artists Theatre, éditeur responsable de plusieurs magazines littéraires plus ou moins éphémères et, d'une manière générale, défenseur et impresario des jeunes talents. John fut le premier à offrir de grandes expositions à des artistes tels que Red Grooms, Larry Rivers, Helen Frankenthaler et Fairfield Porter, et il a publié les premiers livres de Frank O'Hara, John Ashberry et autres poètes de l'école de New York. Les pièces de théâtre qu'il montait résultaient de collaborations entre plusieurs de ces mêmes poètes et peintres — O'Hara et Rivers, par exemple, ou James Schuyler et Elaine de Kooning, l'un écrivant les paroles et l'autre créant les décors. L'Artists Theatre ne faisait pas de très grosses recettes mais John et son partenaire le maintinrent en vie pendant des années et, à une époque où « Off-Broadway » n'existait pas encore, c'était pratiquement le seul théâtre expérimental qu'on pût trouver à New York. Ce qui mettait John à part de tous les autres marchands, éditeurs et producteurs que j'ai connus, c'est qu'il ne faisait pas cela pour l'argent. A dire vrai, il n'avait sans doute pas grand-chose d'un véritable homme d'affaires, mais il nourrissait une passion authentique pour l'art sous toutes ses formes, avec des critères rigoureux, une grande ouverture d'esprit et un immense appétit pour les œuvres différentes, provocatrices, neuves. Il était grand — plus d'un mètre quatre-vingt-dix — et, physiquement, me faisait souvent penser à John Wayne. Ce John-ci, néanmoins, parce qu'il était fièrement et ouvertement homosexuel, parce qu'il se moquait allègrement de lui-même avec toutes sortes de gestes affectés et de poses extravagantes, parce qu'il se délectait de blagues idiotes, de chansons ridicules et de tout un répertoire d'humour enfantin, n'avait rien de commun avec l'autre John. Pas question pour lui de jouer les durs. Ce John-ci était tout enthousiasme et bonne volonté, un homme qui avait consacré sa vie aux belles choses et qui avait le cœur sur la main*.

Quand j'ai fait sa connaissance, il venait de lancer un nouveau magazine « de mots et d'images » intitulé *Parenthèse*. Je ne me rappelle pas qui m'avait suggéré de lui envoyer mon travail, mais je l'ai fait, et dès lors John a eu à cœur de publier quelque chose de moi dans presque chaque livraison. Plus tard, quand il a interrompu le magazine et s'est mis à publier des livres, le premier titre sur sa liste fut un recueil

---

* On peut lire un récit vivant de ses aventures dans son livre, *Tracking the Marvelous : A Life in the New York Art World* (« Sur la piste du merveilleux : une vie dans le monde artistique new-yorkais »), publié par Random House en 1983. *(N.d.A.)*

de mes poèmes. La foi de John en mon œuvre était absolue, et il m'a soutenu à une époque où peu de gens étaient au courant de mon existence. Dans les notes figurant à la fin du numéro 4 de *Parenthèse,* par exemple, au beau milieu du rappel aride des réalisations antérieures des collaborateurs, il a pris sur lui de déclarer que « Paul Auster a fait sensation dans le monde littéraire par sa brillante analyse de l'œuvre de Laura Riding Jackson, par ses essais sur la peinture française et par sa poésie ». Peu importait que cette affirmation ne fût pas vraie, que John fût le seul à faire attention. *Quelqu'un* me soutenait, et dans ces premiers jours de lutte, d'incertitude et de maigres résultats, cet encouragement faisait toute la différence. John a été le premier à prendre position pour moi, et je n'ai jamais cessé de lui en être reconnaissant. Des années après sa mort, je n'ai toujours pas oublié.

Quand l'argent de la bourse arriva, nous reprîmes la route, Lydia et moi. Après avoir sous-loué notre appartement, nous sommes partis dans les montagnes des Laurentides, au Québec, nous terrer dans la maison d'un ami peintre absent pour quelques mois, et puis nous sommes revenus à New York pendant une semaine ou deux, et ensuite nous avons promptement refait nos bagages et traversé le pays en train jusqu'à San Francisco. Nous nous sommes enfin installés à Berkeley, où nous avons loué un petit studio meublé non loin de l'université, et nous y sommes restés six mois. Nous n'étions pas assez riches pour cesser de traduire, mais notre allure était désormais moins frénétique et cela me permettait de consacrer plus de temps à mon travail personnel. Je continuais à écrire des poèmes, mais des inspirations et des idées nouvelles commençaient à me venir aussi et il ne s'écoula que peu de temps avant que je ne me retrouve en train d'écrire une pièce. Celle-ci fut suivie d'une autre, qui à son tour fut suivie d'une autre, et quand je rentrai à New York, à l'automne, je les montrai à John. Je ne savais pas trop que penser de ce que j'avais écrit. Ces pièces avaient surgi de manière inattendue, et le résultat était très différent de tout ce que j'avais fait auparavant. Quand John me dit qu'elles lui plaisaient, je songeai que j'avais peut-être accompli un pas dans la bonne direction. Rien n'était plus éloigné de mon esprit que d'en tirer quoi que ce fût au sens pratique. Je n'avais pas envisagé de les faire représenter, pas davantage de les publier. En ce qui me concernait, elles n'étaient guère que de modestes exercices minimalistes, une première tentative dans un domaine dont la réalité pourrait se révéler ou non. Quand John m'annonça qu'il voulait prendre la plus longue des pièces et la monter, je fus totalement surpris.

On ne peut reprocher à personne ce qui est arrivé. John s'était lancé avec son enthousiasme et son énergie habituels, mais tout tournait mal, et au bout d'un certain temps nous avons eu l'impression d'être moins en train de monter un spectacle que de tenter de prouver le caractère irréductible de la loi de Murphy. On avait trouvé un metteur en scène et trois acteurs, et organisé peu après une lecture destinée à susciter quelque financement de la production. Tel était le projet, en tout cas. Le fait que les acteurs fussent jeunes et inexpérimentés, pas vraiment capables de dire leur texte avec conviction ni véritable sentiment, ne nous a guère aidés, mais le pire, ce fut le public qui vint les écouter dire ce texte. John avait invité une douzaine de ses plus riches amis collectionneurs d'art, et aucun de ces commanditaires éventuels n'avait moins de soixante ans, aucun d'entre eux n'éprouvait le moindre intérêt pour le théâtre. John comptait sur la pièce pour les séduire, pour leur empoigner le cœur et l'esprit avec tant de force qu'ils n'auraient plus qu'un seul désir, celui de mettre la main à la poche pour en sortir leur chéquier. L'événement eut lieu dans un appartement cossu de l'Upper West Side, et je fus chargé de plaire à ces mécènes fortunés, de sourire, de bavarder et de les convaincre qu'ils mettaient leur argent sur le bon cheval. Le problème était que je n'avais aucun talent pour les sourires et le bavardage. J'arrivai dans un état de tension extrême, malade de nervosité, et je descendis aussitôt deux bourbons dans l'espoir de me dénouer l'estomac. L'alcool eut exactement l'effet contraire et lorsque la lecture commença, j'avais attrapé une migraine atroce, agressive, qui me brûlait et m'accablait les méninges, et qui devint de plus en plus intolérable au fur et à mesure que la soirée s'avançait. La pièce se déroula tant bien que mal et, du début à la fin, ces gens restèrent assis en silence, dans une indifférence totale. Des répliques que j'avais crues drôles ne leur arrachaient pas le moindre sourire. Les gags les ennuyaient, le pathos ne les touchait pas, l'ensemble les embarrassait. A la fin, après quelques mornes applaudissements de politesse, je ne pensais plus qu'à la façon de me tirer de là pour me cacher. Ma tête se brisait de douleur. Je me sentais blessé et humilié, incapable de parler, mais je ne pouvais pas abandonner John et donc, pendant une demi-heure encore, je l'écoutai parler de la pièce à ses amis perplexes, en faisant de mon mieux pour ne pas m'évanouir sur la moquette. John gardait la face, mais chaque fois qu'il se tournait vers moi pour me demander de l'aide, je parvenais seulement à regarder fixement mes chaussures en marmonnant un commentaire bref et inintelligible. Finalement, de but en blanc, je bafouillai une excuse boiteuse et filai.

Un autre aurait renoncé après une telle défaite, mais John ne parut pas ébranlé. Pas un sou en notre faveur n'émergea de cette soirée affreuse, mais sans se laisser arrêter, il commença à improviser un nouveau plan, substituant à son rêve de gloire théâtrale une démarche plus modeste et plus réaliste. Si nous ne pouvions pas nous payer un vrai théâtre, déclara-t-il, nous nous débrouillerions avec autre chose. La pièce seule importait, et même si sa durée de vie devait être limitée à une seule représentation uniquement sur invitation, elle allait être représentée. Sinon pour moi, disait-il, et sinon pour lui, eh bien au moins pour son ami Herbert Machiz, qui était mort cet été-là. Herbert avait été le metteur en scène du vieil Artists Theatre et, parce qu'il avait été pendant vingt-cinq ans le compagnon de John, celui-ci était déterminé à faire revivre le Theatre en souvenir d'Herbert — ne fût-ce que pour un soir.

Un homme qui possédait un atelier de restauration dans la 69ᵉ Rue Est offrit à John l'usage de son local. Il se trouve que c'était tout à côté des bureaux d'Ex-Libris, coïncidence amusante, bien que mineure. Plus intéressant encore, l'ancienne remise à voitures où travaillait désormais l'ami de John avait été précédemment l'atelier de Mark Rothko. C'était là que Rothko s'était tué en 1970 et à présent, moins de sept ans plus tard, on allait présenter ma pièce dans le même lieu. Je ne voudrais pas paraître exagérément superstitieux, mais étant donné la façon dont les choses ont tourné, il me semble que nous étions maudits, que quoi que nous fassions ou ne fassions pas, le projet était destiné à ne pas aboutir.

Les préparatifs commencèrent. Le metteur en scène et les trois acteurs travaillaient dur et, petit à petit, leur interprétation s'améliorait. Je n'irais pas jusqu'à dire qu'elle devenait bonne, mais elle cessait du moins d'être embarrassante. L'un des comédiens se distinguait des autres et, au fur et à mesure des répétitions, je me mis à placer en lui mon espoir, en priant pour que son imagination et son audace fassent accéder l'ensemble à un niveau raisonnable de compétence. Une date au début mars fut choisie pour la représentation, des invitations furent lancées et les dispositions prises pour que cent cinquante chaises pliantes soient livrées à la remise à voitures. J'aurais dû me méfier, mais en vérité l'optimisme me gagnait. Et puis, quelques jours avant le grand soir, le bon acteur attrapa une pneumonie et, comme nous n'avions pas de doublure (comment aurions-nous pu ?), il semblait bien que la représentation allait devoir être annulée. L'acteur, néanmoins, qui depuis des semaines n'avait ménagé ni son temps ni ses efforts aux répétitions, n'était pas disposé à renoncer. En dépit d'une forte fièvre, en dépit du fait qu'il toussait et crachait du sang quelques heures avant le début théorique de la pièce, il sortit de son lit, se bourra d'antibiotiques et arriva tout chancelant à l'heure prévue. C'était le plus beau des beaux gestes, l'attitude crâne d'un combattant-né, et je fus impressionné par son courage — non, plus qu'impressionné : rempli d'admiration — mais la triste vérité, c'est qu'il n'était pas en état de faire ça. Tout ce qui étincelait lors des répétitions perdit soudain son éclat. Le jeu était plat, la synchronisation mauvaise, l'une après l'autre, les scènes étaient ratées. Debout au fond de la salle, je regardais, impuissant. Je voyais ma petite pièce mourir devant cent cinquante personnes, et je n'aurais pas pu lever le petit doigt pour l'en empêcher.

Avant d'abandonner à l'oubli toute cette lamentable expérience, je me remis au travail sur la pièce. L'interprétation n'avait été qu'une partie du problème, et je n'allais pas rejeter la responsabilité de ce qui était arrivé sur le metteur en scène et les acteurs. La pièce était trop longue, je m'en rendais compte, trop bavarde et trop diffuse, elle avait besoin d'une chirurgie radicale. Je commençai à couper et à tailler, à supprimer tout ce qui me semblait faible ou superflu, et lorsque j'eus terminé, la moitié de la pièce avait disparu, l'un des personnages était éliminé et le titre avait changé. Je tapai à la machine cette nouvelle version, intitulée désormais : *Laurel et Hardy vont au paradis*, la rangeai dans une chemise avec les deux autres pièces que j'avais écrites *(Black-out* et *Cache-cache)*, et plaçai la chemise au fond d'un tiroir de mon bureau. J'avais l'intention de la laisser là et de ne plus jamais ouvrir ce tiroir.

Trois mois après l'échec de la pièce, mon fils est né. Assister à la venue au monde de Daniel a été pour moi un instant de bonheur suprême, un événement d'une telle importance qu'au moment même où je fondais en larmes à la vue de son petit corps et le tenais dans mes bras pour la première fois, j'ai compris que le monde était changé, que je venais de passer d'un état à un autre. La paternité était la ligne de partage, le grand mur qui se dressait entre la jeunesse et l'âge adulte, et je me trouvais pour toujours de l'autre côté.

J'étais content d'y être. Sur le plan de l'émotion, spirituellement et même physiquement, je n'avais nulle envie d'être ailleurs, et je me sentais tout à fait prêt à faire face aux exigences de la vie de ce côté-là. Sur le plan financier, cependant, je n'étais prêt à rien du tout. Il y a un droit de passage à payer quand on franchit ce mur, et lorsque j'arrivai de l'autre côté, mes poches étaient presque vides. Nous avions alors quitté New York, Lydia et moi, pour emménager dans une maison à deux heures de la ville environ, dans la vallée de l'Hudson, et c'est là que les difficultés nous sont enfin tombées dessus. L'orage a duré dix-huit mois, et quand le vent s'est calmé suffisamment pour que je puisse ramper hors de mon trou et inspecter les dommages, j'ai constaté que tout avait disparu. Le paysage entier avait été nivelé.

Quitter la ville avait été le premier pas dans une série d'erreurs de calcul. Nous nous étions imaginé que la vie nous coûterait moins cher à la campagne, mais en réalité ce n'était pas vrai. Les frais de voiture, les frais de chauffage, l'entretien de la maison et les notes du pédiatre dévoraient les quelques avantages que nous pensions avoir gagnés, et nous avons bientôt dû travailler si fort, rien que pour joindre les deux bouts, qu'il ne nous restait plus le moindre temps pour autre chose. Dans le passé, j'avais toujours réussi à me garder quelques heures chaque jour, à faire progresser mes poèmes et mes écrits en cours après avoir passé la première partie de la journée à travailler pour de l'argent. Désormais, nos besoins d'argent augmentant, je disposais de moins de temps pour mon travail personnel. J'ai commencé par rater un jour, et puis deux, et puis une semaine, et au bout de quelque temps j'avais perdu mon rythme d'écrivain. Quand je réussissais enfin à me trouver un peu de temps, j'étais trop crispé pour bien écrire. Les mois passaient, et toutes les feuilles de papier que je touchais finissaient dans la poubelle.

A la fin de 1977, je me sentais déjà piégé et je désespérais de trouver une solution. J'avais passé ma vie à éviter le sujet de l'argent, et soudain je ne pouvais plus penser à rien d'autre. Je rêvais de hasards miraculeux, de millions tombant du ciel des loteries, de combines indignes pour s'enrichir du jour au lendemain. Même les publicités sur les boîtes d'allumettes commençaient à exercer une certaine fascination. « Gagnez de l'argent en élevant des vers dans votre cave. » A présent que je vivais dans une maison avec cave, n'allez pas croire que je ne me suis pas senti tenté. Mon ancienne façon de faire les choses avait mené au désastre, et j'étais mûr pour des idées nouvelles, pour une nouvelle manière d'aborder le dilemme qui me poursuivait depuis le début : comment réconcilier les besoins du corps et les besoins de l'âme. Les termes de l'équation restaient les mêmes : le temps d'une part, l'argent de l'autre. J'avais misé sur ma capacité de gérer les deux ensemble, mais après des années d'efforts pour nourrir d'abord une bouche, et puis deux, et puis trois, j'avais fini par perdre. Il n'était pas difficile de comprendre pourquoi. J'avais trop misé sur le temps et pas assez sur l'argent, et le résultat était qu'à présent je n'avais plus ni l'un, ni l'autre.

Au début de décembre, un ami vint de la ville passer quelques jours avec nous. Nous nous connaissions depuis le collège et lui aussi était devenu un écrivain sans le sou — encore un licencié de Columbia qui ne possédait pas un pot pour pisser. A la limite, sa vie était encore plus difficile que la mienne. Son œuvre n'avait pratiquement pas été publiée, et il subsistait en passant d'un emploi temporaire pathétique à un autre, voyageant sans but à travers le pays, en clochard, à la recherche d'aventures étranges. Il venait de rentrer à New York et travaillait dans un magasin de jouets quelque part à Manhattan, dans la brigade d'auxiliaires temporaires qui se tiennent derrière les comptoirs au moment des achats de Noël. J'allai le chercher à la gare et pendant la demi-heure que durait le trajet de retour, nous parlâmes de jouets et de jeux, de ce qu'il vendait dans ce magasin. Pour des raisons qui me sont toujours mystérieuses, cette conversation délogea un petit caillou qui était coincé quelque part dans mon inconscient, un bouchon qui était resté là devant un minuscule trou d'épingle de ma mémoire, et à présent que je pouvais de nouveau regarder par ce trou, je redécouvrais une chose perdue depuis près de vingt ans. Quand j'avais dix ou douze ans, j'avais inventé un jeu. En me servant d'un paquet ordinaire de cinquante-deux cartes à jouer, je m'étais assis sur mon lit un après-midi et j'avais imaginé une façon de jouer au base-ball avec ces cartes. A présent, tandis que je continuais à bavarder avec mon ami dans la voiture, ce jeu me revenait d'un coup. Je me souvenais de tout : les principes de base, les règles, tout le dispositif jusqu'au moindre détail.

Dans des circonstances normales, j'en aurais sans doute tout oublié de nouveau. Mais j'étais un homme aux abois, un homme qui avait le dos au mur, et je savais que si je ne trouvais pas rapidement une idée, le peloton d'exécution allait me cribler de balles. Une aubaine inespérée était la seule porte de sortie à la situation critique où je me trouvais. Si je parvenais à ramasser un bon paquet d'argent, le cauchemar prendrait fin. Je pourrais graisser la patte aux soldats, sortir de la cour de la prison et rentrer chez moi pour redevenir un écrivain. S'il ne suffisait plus de traduire des livres et d'écrire des articles dans des revues, alors je nous devais, à moi-même et à ma famille, de tenter autre chose. Eh bien, les gens achetaient des jeux, non ? Et si je réussissais à faire de mon vieux jeu de base-ball quelque chose de bon, de vraiment bon, et ensuite à le vendre ? Peut-être aurais-je la chance de trouver mon sac d'or, après tout.

Ça a presque l'air d'une blague, maintenant, mais j'étais tout à fait sérieux. Je savais que mes chances étaient quasi nulles mais, une fois possédé de cette idée, je ne suis plus arrivé à m'en débarrasser. Des choses plus cinglées se sont produites, me disais-je, et si je n'étais pas prêt à consacrer un peu de temps et d'efforts à tenter le coup, quelle sorte de pauvre nouille étais-je ?

Le jeu de mon enfance s'organisait autour de quelques opérations simples. Le lanceur retournait les cartes. Chaque carte rouge de l'as au 10 était un retrait ; chaque carte noire de l'as au 10 était une balle. Si on retournait une figure, cela signifiait que le frappeur devait jouer, et le frappeur retournait alors une carte. N'importe laquelle, de l'as au neuf, représentait un retrait, dont chacun correspondait au numéro de position des joueurs de la défense : lanceur = as (1) ; receveur = 2 ; première base = 3 ; deuxième base = 4 ; troisième base = 5 ; arrêt court = 6 ; champ gauche = 7 ; champ extérieur = 8 ; champ droit = 9. Si le frappeur retournait un 5, par exemple, cela signifiait que le retrait était dû au joueur de troisième base. Un

5 noir indiquait une balle roulante ; un 5 rouge indiquait une balle frappée en l'air (carreau = chandelle ; cœur = flèche). Pour les balles frappées dans le champ extérieur (7, 8 et 9), le noir indiquait un ballon médian et le rouge un ballon profond. Si vous retourniez un dix, vous aviez un simple. Un valet représentait un double, une reine un triple et le roi était un coup de circuit.

C'était grossier mais raisonnablement efficace, et même si la distribution des coups était mathématiquement fausse (on aurait dû avoir plus de simples que de doubles, plus de doubles que de coups de circuit, et plus de coups de circuit que de triples), les parties étaient souvent serrées et passionnantes. Mieux encore, les scores finaux ressemblaient aux scores de vrais matchs de base-ball — 3 à 2, 7 à 4, 8 à 0 —, et non à ceux des matchs de football ou de basket-ball. Les principes fondamentaux étaient sains. Tout ce qui me restait à faire, c'était me débarrasser des cartes à jouer ordinaires et dessiner une nouvelle série de cartes. Cela me permettrait de rendre le jeu statistiquement plus juste, d'ajouter des éléments de stratégie impliquant des prises de décisions (coups amortis, bases volées, sacrifices) et de porter l'ensemble à un niveau supérieur de subtilité et de complexité. Le travail consistait surtout à trouver les bons numéros et à faire un peu de maths, mais j'étais très au fait des arcanes du base-ball et il ne me fallut pas longtemps pour arriver aux formules correctes. Je jouai match sur match, et au bout de quelques semaines il ne restait plus d'ajustements à faire. Alors vint la partie ennuyeuse.

Après avoir conçu les cartes (deux paquets de quatre-vingt-seize cartes chacun), il fallait m'attabler, muni de quatre feutres à pointe fine (un rouge, un vert, un noir et un bleu), et tout dessiner à la main. Je ne me rappelle pas combien de jours cela m'a pris de mener à bien cette tâche, mais en arrivant à la fin j'avais l'impression de n'avoir jamais rien fait d'autre. Il n'y avait pas à être bien fier du dessin, mais puisque je n'avais ni expérience ni talent dans ce domaine, il fallait s'y attendre. Je m'étais efforcé de réaliser une présentation claire et pratique, quelque chose de lisible au premier coup d'œil, sans confusion possible, et compte tenu de la quantité d'informations qui devait figurer sur chaque carte, je pense que j'ai accompli au moins ça. La beauté et l'élégance viendraient plus tard. Si quelqu'un manifestait un intérêt suffisant pour vouloir fabriquer le jeu, le problème pourrait être confié à un dessinateur professionnel. Pour l'instant, après de nombreuses valses-hésitations, je baptisai mon invention : *Action Baseball*.

Une fois de plus, le second mari de ma mère vint à la rescousse. Il avait un ami qui travaillait pour l'une des plus importantes entreprises américaines dans le domaine du jouet et, lorsque je montrai le jeu à cet homme, il en fut impressionné et pensa qu'il avait une chance réelle de plaire à quelqu'un. J'étais encore en train de dessiner les cartes à ce moment-là, et il m'encouragea à mettre le jeu au point aussi vite que je pourrais et à le présenter à la Foire du jouet de New York, qui devait avoir lieu cinq ou six semaines plus tard. Je n'en avais jamais entendu parler mais, de l'avis général, c'était le plus grand événement annuel dans cette branche. Chaque février, des entreprises du monde entier se réunissaient au *Toy Center*, à l'angle de la 23ᵉ Rue et de la Cinquième Avenue, pour y exposer leurs produits destinés à la saison prochaine, prendre note des desseins de la concurrence et faire des projets d'avenir. Ce que la Foire du livre de Francfort est pour les livres et le Festival de Cannes pour le cinéma, la Foire du jouet de New York l'est pour les jouets. L'ami de mon beau-père s'occupa de tout pour moi. Il obtint que mon nom figure sur la liste des « inventeurs », ce qui me donnait droit à un badge et à l'entrée gratuite et puis, comme si ça ne suffisait pas, il m'organisa un rendez-vous avec le président de sa compagnie — à neuf heures du matin, le premier jour de la Foire.

Je lui étais très reconnaissant de son aide, mais en même temps je me sentais comme quelqu'un qu'on viendrait d'embarquer sur un vol à destination d'une planète inconnue. Je n'avais aucune idée de ce qui m'attendait, pas de carte du territoire, pas de guide pour m'aider à comprendre les habitudes et les coutumes des créatures auxquelles j'allais m'adresser. La seule solution qui me vint à l'esprit fut de porter un veston et une cravate. La cravate était la seule que je possédais, pendue dans mon placard en prévision des mariages et enterrements. Désormais, les rendez-vous d'affaires pouvaient être ajoutés à la liste. Je devais avoir une allure ridicule quand je suis entré dans le *Toy Center* ce matin-là pour demander mon badge. Je portais une serviette, mais la seule chose qui s'y trouvait était le jeu, rangé dans une boîte à cigares. C'était tout ce que j'avais : le jeu lui-même, ainsi que plusieurs photocopies des règles. Je me préparais à aller discuter avec le président d'une entreprise multi-millionnaire, et je ne possédais même pas de carte de visite.

Malgré l'heure matinale, il y avait foule. Où qu'on se tournât, on voyait des rangées interminables de stands, des éventaires garnis de poupées, de pantins, de voitures de pompiers, de dinosaures et d'extraterrestres. Tous les amusements pour gosses, tous les gadgets imaginables étaient entassés dans cette salle, et il n'y en avait pas un qui n'émît sifflements, claquements, clameurs, sonneries ou rugissements. Tandis que je me frayais un chemin au milieu de ce vacarme, il me vint à l'esprit que la serviette sous mon bras était le seul objet silencieux des environs. Les jeux électroniques étaient la grande trouvaille de cette année-là, l'événement le plus important dans l'univers du jouet depuis l'invention du diable sortant de sa boîte, et j'espérais faire fortune avec un jeu de cartes démodé. J'allais peut-être y arriver mais, jusqu'au moment d'entrer dans ce bruyant parc d'attractions, je ne m'étais pas rendu compte à quel point c'était peu probable.

Ma conversation avec le président de la compagnie dut être l'une des entrevues les plus brèves dans les annales du monde américain des affaires. Ce qui m'irrita fut moins le fait qu'il refusât mon jeu (j'y étais prêt, je m'attendais tout à fait à de mauvaises nouvelles), mais qu'il le fît de façon si glaciale, avec si peu d'égards pour la simple décence que ça me fait encore mal d'y penser. Il n'était pas beaucoup plus âgé que moi, ce grand patron, et avec son costume impeccable, superbement coupé, ses yeux bleus, ses cheveux blonds et son visage dur et impassible, il avait l'apparence et les manières d'un chef de réseau d'espionnage nazi. Il me serra à peine la main, me salua à peine, parut à peine remarquer ma présence. Pas de petites phrases polies, pas de plaisanteries, pas de questions. « Voyons ce que vous avez », dit-il d'un ton cassant et, plongeant la main dans ma serviette, j'en sortis la boîte à cigares. Une lueur de mépris flamba dans ses yeux. C'était comme si je venais de lui présenter une crotte de chien en lui demandant de la flairer. J'ouvris la boîte et pris les cartes. A ce moment-là, je voyais bien que tout espoir était perdu, qu'il avait déjà cessé de s'intéresser, mais il n'y avait rien d'autre à faire que d'aller de l'avant et commencer à jouer le jeu. Je battis les cartes, parlai un peu de la façon de lire les trois niveaux d'information qui s'y trouvaient, et me lançai. Au premier ou deuxième frappeur de la première partie de la première manche, il se leva et me tendit la main. Comme il n'avait pas dit un mot, je n'avais aucune idée de la raison pour laquelle il voulait me serrer la main. Je continuai à retourner les cartes en décrivant l'action telle qu'elle se révélait : balle, prise, swing. « Merci », prononça le nazi, en me saisissant enfin la main. Je ne comprenais toujours pas ce qui se passait. « Vous voulez dire que vous ne souhaitez pas en voir plus ? demandai-je. Je n'ai même pas eu le temps de vous montrer comment ça fonctionne. » « Merci, répéta-t-il, vous pouvez aller. » Sans un mot de plus, il se détourna et me laissa avec mes cartes, encore étalées sur la table. Il me fallut une minute ou deux pour tout remettre dans la boîte à cigares et ce fut à cet instant précis, pendant ces soixante ou quatre-vingt-dix secondes, que j'ai touché le fond, que j'ai atteint ce que je considère encore comme le point le plus bas de mon existence.

D'une manière ou d'une autre, j'ai réussi à me ressaisir. Je me suis offert un petit déjeuner, je me suis repris en main, et je suis retourné à la Foire passer le restant de la journée. L'un après l'autre, je suis allé voir tous les fabricants de jeux que je pouvais trouver, j'ai serré des mains, souri, frappé aux portes, démontré les merveilles d'*Action Baseball* à tous ceux qui voulaient bien m'accorder dix ou quinze minutes. Le résultat était uniformément décourageant. La plupart des grosses sociétés avaient cessé de travailler avec des inventeurs indépendants (trop de procès), et quant aux petites, ou bien elles voulaient des jeux électroniques de poche (bip-bip), ou bien elles refusaient de regarder quoi que ce soit qui eût trait au sport (mauvaises ventes). Au moins, ces gens étaient polis. Après le traitement sadique que j'avais subi le matin, je trouvais là quelque consolation.

A un moment de l'après-midi, épuisé par des heures d'efforts infructueux, je tombai sur une compagnie spécialisée dans les jeux de cartes. Ils n'avaient encore commercialisé qu'un seul jeu, mais celui-ci avait connu un vif succès et ils étaient à présent en quête d'un deuxième. C'était une petite affaire à petit budget créée par deux gars de Joliet, dans l'Illinois, une entreprise domestique qui n'avait ni l'appareil corporatif ni les ruses promotionnelles des autres sociétés présentes à la Foire. C'était bon signe et, mieux encore, les deux partenaires reconnurent qu'ils étaient des fans de base-ball. Ils n'étaient guère occupés à cette heure-là, sinon à passer le temps en papotant, assis dans leur petit stand, et quand je leur parlai de mon jeu ils parurent plus que contents d'y jeter un coup d'œil. Pas un simple coup d'œil, une vue générale : ils voulurent jouer du début à la fin une partie complète de neuf manches.

Si j'avais truqué les cartes, le résultat de la partie que je fis avec eux n'aurait pu être plus passionnant, plus conforme à la réalité. D'un bout à l'autre, ce ne fut que manche à manche, tension croissante à chaque coup, et après huit reprises et demie tout en menaces et en sursauts d'énergie, et deux retraits sur prises avec les bases occupées, le score était de 2 à 1. Les gars de Joliet étaient l'équipe invitante, et quand ils arrivèrent à la batte pour leur dernier tour, ils avaient besoin de boucler un tour pour égaliser et deux pour gagner. Les deux premiers frappeurs ne firent rien, et ils en furent bientôt à leur dernier retrait, sans coureurs sur bases. Le frappeur suivant réussit un simple, cependant, qui les garda en vie. Et puis, à l'étonnement général, alors que le compte était de deux balles et deux prises, le quatrième frappeur réussit un coup de circuit qui emporta la partie. Je n'aurais pu demander mieux. Un coup de circuit à deux points à la fin de la neuvième manche, pour voler la victoire à la dernière minute. C'était un suspense classique au base-ball, et quand le gars de Joliet retourna cette ultime carte, une expression de joie pure et non déguisée illumina son visage.

Ils voulaient y réfléchir, me dirent-ils, ruminer ça quelque temps avant de me donner une réponse. Il leur faudrait un jeu à étudier de leur côté, bien sûr, et je m'engageai à leur envoyer une photocopie couleur le plus tôt possible. C'est ainsi que nous nous sommes quittés : en nous serrant les mains et en échangeant nos adresses, en nous promettant de garder le contact. Après mes tristes expériences de cette journée déprimante, il y avait soudain une raison d'espérer et je sortis de la Foire du jouet persuadé que je pourrais bel et bien aboutir à quelque chose avec mon idée folle.

La photocopie en couleur était un procédé récent à l'époque, et ça me coûta une petite fortune de faire faire celles-là. Je ne me rappelle pas la somme exacte, mais elle se montait à plus de cent dollars, je crois, peut-être même deux cents. J'expédiai le paquet aux deux gars de Joliet en priant pour qu'ils m'écrivent bientôt. Les semaines passèrent et, tandis que je m'efforçais de me concentrer sur les autres travaux que j'avais en train, l'idée s'imposa à moi peu à peu que je devais m'attendre à une nouvelle désillusion. Enthousiasme signifie rapidité, indécision signifie délai, et plus le délai se prolongeait, plus mes chances s'amenuisaient. Il leur fallut presque deux mois pour me répondre, et à ce moment-là je n'avais même plus besoin de lire leur lettre pour savoir ce qu'elle contenait. Ce qui m'étonna fut sa brièveté, son manque total de chaleur personnelle. J'avais passé près d'une heure en leur compagnie, j'avais eu l'impression de les amuser et de susciter leur intérêt, mais leur refus était exprimé en un seul paragraphe sec et rédigé avec maladresse. La moitié des mots était mal orthographiée et dans presque chaque phrase il y avait une faute de grammaire. C'était un document embarrassant, une lettre écrite par des cancres, et lorsque la déception commença à me faire moins mal, je me sentis honteux de les avoir aussi radicalement mal jugés. Faire confiance à des sots, c'est en définitive se conduire comme un sot.

Et pourtant, je n'étais pas encore prêt à renoncer. J'étais allé trop loin pou laisser un échec me désarçonner ; je baissai donc la tête et plongeai plus avant. Jusqu'à ce que j'aie épuisé toutes les possibilités, il me semblait que j'avais le devoir de continuer, de poursuivre jusqu'au bout toute cette malheureuse affaire. Mes beaux-parents me mirent en contact avec un homme qui travaillait pour Ruder and Finn, un bureau de relations publiques de premier plan, à New York. Le jeu lui plut beaucoup, il parut véritablement enthousiaste quand je le lui montrai, et il ne ménagea pas ses efforts pour m'aider. Cela faisait partie du problème. Tout le monde aimait *Action Baseball*, assez de monde en tout cas pour m'empêcher de l'abandonner, et avec un homme tel que celui-ci, bon, amical et bien introduit, qui me poussait à la roue, il aurait été absurde de renoncer. Mon nouvel allié s'appelait Georges, et il se trouvait être chargé du compte de General Foods, l'un des clients les plus importants de Ruder and

Finn. Son plan, qui me parut ingénieux, consistait à persuader General Foods de mettre *Action Baseball* sur certains paquets de céréales en guise d'offre spéciale. (« Eh, les gosses ! Envoyez deux couvercles de boîtes de Wheaties et un chèque ou un mandat de $ 3,98, et ce jeu incroyable peut être à vous ! ») Georges leur soumit son projet et, pendant quelque temps, nous eûmes l'impression que ça allait peut-être marcher. Wheaties cherchait des idées pour une nouvelle campagne promotionnelle, et Georges pensait que ceci pouvait faire l'affaire. Ce ne fut pas le cas. Ils préférèrent le champion olympique du décathlon, et pendant je ne sais combien d'années, tous les paquets de Wheaties ont été ornés du visage souriant de Bruce Jenner. On ne peut pas vraiment le leur reprocher. C'était le Breakfast des Champions, après tout, et ils avaient une certaine tradition à maintenir. Je n'ai jamais pu savoir si Georges était arrivé très près de faire passer son idée, mais je dois avouer (non sans réticence) que je trouve toujours difficile de regarder un paquet de Wheaties sans éprouver un petit pincement.

Georges fut presque aussi déçu que moi, mais à présent qu'il avait attrapé le virus, il n'allait pas baisser les bras. Il connaissait quelqu'un à Indianapolis qui était en relations avec la *Babe Ruth League** (je ne sais plus à quel titre), et il pensait que quelque chose de bien pourrait advenir s'il me mettait en rapport avec cet

---

* Organisation nationale groupant les équipes de base-ball des jeunes entre douze et quinze ans (immédiatement après la *Little League* — huit à douze ans). *(N.d.T.)*

homme. Le jeu fut dûment expédié dans le Middle West, et puis suivit un autre silence d'une longueur démesurée. Ainsi que cet homme me l'expliqua lorsqu'il m'écrivit enfin, il n'était pas entièrement responsable du délai : « Je regrette d'avoir été aussi lent à accuser réception de votre lettre du 22 juin et de votre jeu, *Action Baseball*. Ils me sont parvenus avec retard à cause d'une tornade qui a ravagé nos bureaux. Je travaille chez moi depuis lors, et je n'ai reçu mon courrier qu'il y a une dizaine de jours. » Ma mauvaise fortune prenait des dimensions quasi bibliques, et quand il m'écrivit de nouveau, plusieurs semaines plus tard, pour me dire qu'il ne retiendrait pas mon jeu (avec tristesse, à son grand regret, dans les termes les plus courtois), je cillai à peine. « Il est incontestable que votre jeu est unique, innovateur et intéressant. Il pourrait bien exister un marché pour lui dans la mesure où c'est le seul jeu de base-ball de table qui n'est pas encombré d'accessoires, ce qui le rend plus rapide, mais le consensus ici est que sans joueurs de grande ligue et sans leurs statistiques, la concurrence existante est insurmontable. » Je téléphonai à Georges pour lui communiquer la nouvelle et le remercier de son aide, mais trop c'est trop, dis-je, et il ne devait plus perdre son temps pour moi.

La situation demeura stationnaire pendant quelques mois, et puis une autre piste apparut, je repris ma lance et me remis en selle. Du moment qu'il y avait un moulin à vent en vue quelque part, j'étais prêt à me battre avec lui. Je n'avais plus le moindre lambeau d'espoir, mais je ne parvenais pas à renoncer tout à fait à cette chose idiote que j'avais entreprise. Le frère cadet de mon beau-père connaissait un homme qui avait inventé un jeu, et comme ce jeu lui avait fait gagner une fortune, il paraissait raisonnable que je prenne contact avec lui pour lui demander conseil. Nous nous rencontrâmes dans le hall de l'hôtel *Roosevelt,* non loin de Grand Central Station. C'était un brasseur d'affaires volubile d'une quarantaine d'années, un type totalement antipathique, avec tous les coups tordus possibles dans son sac, mais je dois reconnaître que son bavardage ne manquait pas de verve.

— La vente par correspondance, disait-il, voilà le filon. Adressez-vous à un champion de grande ligue, persuadez-le de soutenir le jeu en échange d'un pourcentage sur les bénéfices, et puis faites passer des annonces dans les revues de base-ball. Si vous obtenez un nombre suffisant de commandes, utilisez l'argent pour produire le jeu. Sinon, renvoyez l'argent et faites une croix dessus.

— Combien coûterait une opération comme celle-là ? demandai-je.

— Vingt, vingt-cinq mille dollars. Minimum.

— Je ne pourrais jamais trouver une somme pareille, dis-je. Même pas si ma vie en dépendait.

— Alors vous ne pouvez pas le faire, hein ?

— Non, je ne peux pas. Tout ce que je veux, c'est vendre le jeu à une société. Je n'ai jamais eu autre chose en tête — toucher des royalties sur les exemplaires vendus. Je ne serais pas capable de m'occuper de ça moi-même.

— Autrement dit, conclut-il, comprenant

enfin à quel âne il avait affaire, vous avez produit une merde, et maintenant vous voulez que quelqu'un tire la chasse pour vous.

Ce n'est pas tout à fait comme cela que je me serais exprimé, mais je ne discutai pas avec lui. Il s'y connaissait manifestement mieux que moi, et quand ensuite il me conseilla de trouver un « courtier en jeux » qui s'adresserait de ma part aux sociétés, j'eus la certitude qu'il m'indiquait la bonne direction. Jusque-là, je n'avais même pas été conscient de l'existence de ces gens-là. Il me donna le nom d'une femme qui était censée être particulièrement efficace, et je l'appelai le lendemain. Cette tentative devait être la dernière, l'ultime chapitre de toute cette saga embrouillée. Tel un moulin à paroles, cette femme m'énuméra les clauses, les conditions et les pourcentages, ce qu'il fallait faire et ne pas faire, ce qu'on pouvait espérer, ce qu'il fallait éviter. Cela donnait l'impression d'être son numéro habituel, la furieuse condensation d'années de coups durs et d'arnaques, et pendant quelques minutes je n'arrivai pas à placer un mot. Et puis, finalement, elle s'arrêta pour reprendre haleine et c'est alors qu'elle m'interrogea sur mon jeu.

— Ça s'appelle *Action Baseball*, dis-je.
— Vous avez dit *base-ball* ? demanda-t-elle.
— Oui, base-ball. On retourne des cartes. C'est très réaliste, et on peut jouer les neuf manches d'une partie complète en un quart d'heure environ.
— Je regrette, dit-elle, pas de jeux de sport.
— Que voulez-vous dire ?
— C'est perdu d'avance. Ça ne se vend pas, et

personne n'en veut. Je ne toucherais pas à votre jeu avec une perche de dix pieds de long.

Cela m'acheva. Avec le verdict brutal de cette femme encore vibrant aux oreilles, je raccrochai le téléphone, mis les cartes de côté et cessai pour toujours d'y penser.

Petit à petit, j'arrivais au bout de mon rouleau. Après la sinistre lettre mal torchée de Joliet, j'avais compris qu'*Action Baseball* était un coup qui n'avait guère de chance de réussir. Compter dessus comme source de revenus n'aurait été que me leurrer, qu'une erreur ridicule. Je m'étais acharné pendant quelques mois encore, mais ces ultimes efforts n'avaient occupé qu'une petite partie de mon temps. Au fond de moi, j'avais déjà accepté la défaite — pas seulement celle du jeu, pas seulement celle de mon intrusion maladroite dans le monde des affaires, mais celle de tous mes principes, des positions qui avaient été les miennes toute ma vie quant au travail, à l'argent et à la poursuite du temps. Le temps ne comptait plus. J'en avais eu besoin pour écrire, mais à présent que j'étais un ex-écrivain, un écrivain qui n'écrivait plus que pour la satisfaction de froisser du papier et de le jeter à la poubelle, je me sentais prêt à abandonner la lutte et à vivre comme tout le monde. Neuf années de pénurie en free-lance m'avaient exténué. J'avais tenté de me sauver en inventant le jeu, mais personne n'avait voulu du jeu, et à présent je me retrouvais à la case départ — sauf que c'était pire, je me retrouvais plus exténué que jamais. Le jeu avait au moins représenté une idée, un élan d'espoir momentané, mais j'étais désormais arrivé aussi au bout de mes idées. La vérité était que je m'étais enfoncé dans un trou profond et noir, et que le seul moyen de m'en extirper était de trouver un emploi.

Je donnai des coups de téléphone, j'écrivis des lettres, je me rendis à des entretiens en ville. Emploi dans l'enseignement, dans le journalisme, dans l'édition, peu m'importait. Du moment qu'un emploi était assorti d'un chèque hebdomadaire, il m'intéressait. Deux ou trois choses faillirent marcher, et puis firent long feu. Je n'entrerai pas maintenant dans les détails déprimants, mais plusieurs mois passèrent sans résultat tangible. Je m'enlisais dans le désarroi, le cerveau quasi paralysé d'angoisse. Ma reddition était totale, j'avais capitulé sur tous les points que je défendais depuis des années, et malgré cela je n'arrivais nulle part, je perdais du terrain à chaque pas. Et puis, tombant du ciel, une bourse de trois mille cinq cents dollars me fut allouée par le conseil des arts de l'Etat de New York et me procura un répit inespéré. Cela ne durerait pas longtemps, mais c'était quelque chose — assez pour faire reculer l'instant fatal d'une minute ou deux.

Une nuit, peu de temps après, alors que j'étais au lit en train de batailler contre l'insomnie, une nouvelle idée me vint. Moins une idée, peut-être, qu'une pensée, une petite notion. J'avais lu beaucoup de romans policiers, cette année-là, surtout des polars durs de l'école américaine, et outre le fait que je les considérais comme un remède efficace, un baume contre le stress et l'anxiété chronique, j'éprouvais de l'admiration pour certains des praticiens du genre. Les meilleurs étaient des écrivains humbles, consciencieux qui, non seulement, en avaient davantage à raconter sur la vie américaine que les auteurs dits plus sérieux, mais qui me semblaient aussi écrire souvent des phrases mieux tournées, plus nerveuses. L'une des astuces classiques dans les intrigues de ces romans, c'est le suicide apparent qui se révèle avoir été un meurtre. Chaque fois, un personnage meurt ostensiblement de sa propre main et puis, à la fin de l'histoire, quand tous les fils emmêlés de l'intrigue ont enfin été débrouillés, on découvre que c'est le mauvais qui est en fait responsable de cette mort. Je me demandais : pourquoi ne pas inverser le procédé, le mettre cul par-dessus tête ? Pourquoi ne pas inventer une histoire où le meurtre apparent se révèle avoir été un suicide ? A ma connaissance, cela n'avait jamais été fait.

Ce n'était qu'une spéculation gratuite, une illumination de deux heures du matin mais, comme je n'arrivais pas à m'endormir, le cœur battant de plus en plus vite et palpitant dans ma poitrine, je poursuivis mon idée encore un peu, dans l'espoir de me calmer en concoctant une histoire sur la base de mon trait de génie. Je n'attendais rien du résultat, tout ce que je cherchais, c'était un sédatif capable de me tranquilliser les nerfs, et pourtant les pièces du puzzle ne cessaient de trouver leur place les unes à côté des autres et quand je m'assoupis enfin, j'avais échafaudé dans les grandes lignes l'argument d'un roman policier.

Le lendemain matin, il m'apparut que ce ne serait peut-être pas une si mauvaise idée de m'attabler à la rédaction de ce truc-là. Ce n'était pas comme si j'avais eu grand-chose de mieux à faire. Il y avait des mois que je n'avais pas écrit une phrase qui tînt debout, je n'arrivais pas à trouver du travail, et mon compte en banque était presque à zéro. Si je réussissais à fabriquer un polar raisonnablement bon, il y aurait sûrement quelques dollars à la clef. Je ne rêvais plus de sacs d'or. Seulement d'un salaire honnête pour un travail honnête, une chance de survivre.

Je commençai au début de juin et à la fin août j'avais terminé un manuscrit d'un peu plus de trois cents pages. C'était un exercice d'imitation pure, une tentative consciente d'écrire un livre qui ressemble à d'autres livres, mais le seul fait que je l'avais écrit pour de l'argent ne signifie pas que je n'y avais pas pris plaisir. Dans le genre, il ne me paraissait pas pire que beaucoup de ceux que j'avais lus, je le trouvais même meilleur que certains. Il était assez bon pour être publié, en tout cas, et c'était tout ce que je demandais. Ma seule ambition pour ce roman consistait à en faire de l'argent afin de régler toutes les factures possibles.

Une fois de plus, je fonçai droit dans les difficultés. Je faisais tout ce qui était en mon pouvoir pour me prostituer, je proposais ma marchandise aux plus vils prix, et pourtant personne ne voulait de moi. Dans ce cas-ci, le problème était moins ce que j'essayais de vendre (ainsi que dans le cas du jeu) que ma stupéfiante incompétence comme vendeur. Les seuls éditeurs que je connaissais étaient ceux qui m'employaient pour traduire des livres, et ils étaient mal qualifiés pour porter un jugement sur de la littérature populaire. Ils n'en avaient pas l'expérience, n'avaient jamais lu ni publié des livres dans le genre du mien, c'est tout juste s'ils étaient conscients de l'existence des romans policiers, et moins encore de celle des diverses sous-espèces dans ce domaine : histoires de détectives privés, procédures policières, *et cetera*. J'envoyai mon manuscrit à l'un de ces éditeurs, et quand il se décida enfin à le lire, sa réaction fut d'un enthousiasme surprenant :

— C'est bon, me dit-il, très bon. Débarrassez-vous simplement de l'aspect policier, et vous aurez un excellent thriller psychologique.

— Mais justement, protestai-je. C'est un roman policier.

— C'est possible, répondit-il, mais nous ne publions pas de romans policiers. Retravaillez-le, néanmoins, et je vous garantis que nous serons intéressés.

Modifier le livre l'aurait peut-être intéressé, lui, mais moi, ça ne m'intéressait pas. Je l'avais écrit d'une certaine façon dans un but précis, et commencer à présent à le démanteler aurait été absurde. Je me rendis compte que j'avais besoin d'un agent, de quelqu'un qui s'occupe pour moi du démarchage du livre pendant que je me consacrais à des affaires plus urgentes. Le hic était que je n'avais pas la moindre idée de la façon d'en trouver un. Les poètes n'ont pas d'agent, après tout. Les traducteurs n'ont pas d'agent. Les critiques de livres qui gagnent deux ou trois cents dollars par article n'ont pas d'agent. J'avais vécu ma vie dans les provinces reculées du monde littéraire, loin du centre commercial où les livres et l'argent ont quelque chose à se dire, et les seules personnes que je connaissais étaient de jeunes poètes dont les œuvres étaient publiées dans de petites revues, des éditeurs travaillant dans de petites maisons qui ne faisaient pas de bénéfices et différents autres excentriques, marginaux et exilés. Il n'y avait personne vers qui me tourner pour demander de l'aide, pas une miette d'expérience ou d'information qui me fût disponible. S'il y en avait, j'étais trop bête pour savoir où les chercher. Tout à fait par hasard, un ancien camarade de classe m'apprit que son ex-femme dirigeait une agence littéraire, et quand je lui parlai de mon manuscrit, il m'encouragea à le lui envoyer. C'est ce que je fis, et après avoir attendu près d'un mois pour répondre, elle me le refusa. Ce genre n'était pas assez rentable, me dit-elle, cela ne valait pas les efforts que ça lui coûterait. Plus personne ne lisait des histoires de détectives privés. C'était démodé, ringard, un truc perdant à tous les coups. Mot pour mot, son discours était identique à celui que m'avait tenu le courtier en jeux moins de dix jours auparavant.

*

Finalement, le livre a été publié, mais ce n'est arrivé que quatre ans plus tard. Dans l'intervalle, toutes sortes de catastrophes se sont produites, les bouleversements se sont succédé, et le sort de ce livre écrit sous pseudonyme dans le but de faire bouillir la marmite est devenu le cadet de mes soucis. Mon mariage s'est effondré en novembre 1978, et le tapuscrit du roman alimentaire a disparu au fond d'un sac plastique, quasi oublié d'un déménagement à l'autre. Mon père est mort juste deux mois après — de façon soudaine et inattendue, sans avoir été malade un seul jour de toute sa vie — et pendant plusieurs semaines le gros de mon temps s'est passé à m'occuper d'immobilier, à régler ses affaires, à mettre de l'ordre. Sa mort a été pour moi un choc très dur, la cause d'un immense chagrin intérieur, et j'ai employé à écrire sur lui toute l'énergie dont je disposais pour écrire. La terrible ironie était qu'il m'avait légué quelque chose. Ce n'était pas une grosse somme dans l'ordre des héritages, mais c'était plus d'argent que je n'en avais jamais possédé et cela m'a aidé à passer d'une existence à l'autre. Je me suis réinstallé à New York et j'ai continué à écrire. Un beau jour, je suis tombé amoureux et je me suis remarié. Dans le courant de ces quatre années, tout a changé pour moi.

Vers le milieu de cette période, fin 1980 ou début 1981, j'ai reçu un coup de téléphone d'un homme que j'avais rencontré une fois auparavant. C'était un ami d'un ami, et comme notre rencontre avait eu lieu huit ou neuf ans plus tôt, je me rappelais à peine qui il était. Il m'annonçait son intention de lancer une maison d'édition, et se demandait si je n'avais pas, par hasard, un manuscrit auquel il pourrait jeter un coup d'œil. Ce ne serait pas simplement une *small press* de plus, m'expliquait-il, mais une véritable entreprise, une *entreprise commerciale*. Hum, fis-je, en me souvenant du sac en plastique au fond du placard de ma chambre à coucher, dans ce cas, j'ai peut-être bien quelque chose pour vous. Je lui parlai du roman policier et, comme il me disait que ça l'intéresserait de le lire, j'en fis une copie que je lui envoyai dans la semaine. Contre toute attente, ça lui plut. Plus étonnant encore, il déclara qu'il voulait l'éditer.

J'étais content, bien sûr — content et amusé, mais aussi un brin inquiet. Ça me paraissait trop beau pour être vrai. Publier un livre ne pouvait pas être aussi facile, et je me demandais s'il n'y avait pas, quelque part, quelque chose qui clochait. Cet homme dirigeait sa société de son appartement dans l'Upper West Side, remarquai-je, mais le contrat que je reçus par la poste était un vrai contrat, et après l'avoir examiné et avoir conclu que les termes en étaient acceptables, je ne vis aucune raison de ne pas le signer. Il n'y avait pas d'à-valoir, pas d'argent à la clef, mes droits d'auteur ne commenceraient qu'au premier exemplaire vendu. Je pensai que c'était normal pour un nouvel éditeur qui démarrait à peine et qui, n'ayant ni actionnaires ni soutien financier important, ne pouvait guère allonger des sommes qu'il ne possédait pas. Inutile de dire qu'on ne pouvait pas vraiment qualifier son affaire d'*entreprise commerciale*, mais il espérait que cela viendrait, et qui étais-je pour moucher ses espérances ?

Neuf mois plus tard, il se débrouilla pour sortir un livre (une réédition en format poche), mais la production de mon roman traîna pendant près de deux ans. Quand il fut enfin imprimé, l'éditeur avait perdu son distributeur, n'avait plus d'argent et, à tous égards, était mort en tant qu'éditeur. Quelques exemplaires parvinrent dans quelques librairies de New York, livrés par lui au porte-à-porte, et le reste du tirage demeura dans des cartons à ramasser la poussière au fond d'un entrepôt quelque part à Brooklyn. Pour autant que je sache, il y est toujours.

Après être allé aussi loin avec cette affaire, il me sembla que je devais tenter un dernier effort et voir si je ne pouvais pas la conclure une fois pour toutes. Puisque le livre avait été « publié », on ne pouvait plus envisager d'édition cartonnée, mais restaient les éditions de poche et je ne voulais pas abandonner le livre sans lui avoir donné la possibilité de se voir refusé là aussi. Je me remis en quête d'un agent et, cette fois, je trouvai la personne qui convenait. Elle envoya le livre à l'un des directeurs littéraires d'Avon Books, et trois jours plus tard il était accepté. Comme ça, tout simplement, sans délai. On m'offrit un à-valoir de deux mille dollars et je donnai mon accord. Pas de marchandage, pas de contre-proposition, pas de négociations rusées. J'avais l'impression que justice m'était enfin rendue, et je ne me souciais plus des détails. Après que j'eus partagé l'à-valoir avec le premier éditeur (ainsi que le prévoyait le contrat), il me restait mille dollars. Déduction faite des dix pour cent de commission de l'agent, je me retrouvai en possession d'un grand total de neuf cents dollars.

Et voilà comment on écrit des livres pour faire de l'argent. Voilà comment on se vend.

1996

POURQUOI ÉCRIRE ?

1

Une amie allemande raconte les circonstances qui ont précédé la naissance de ses deux filles.

Il y a dix-neuf ans, enceinte jusqu'aux dents et en retard de plusieurs semaines sur le terme prévu, A. s'installa sur le canapé de son salon et alluma la télévision. La chance voulut que le générique d'un film fût en train d'apparaître à l'écran. C'était *L'Histoire d'une nonne,* un drame hollywoodien des années cinquante dont la vedette est Audrey Hepburn. Heureuse de se distraire, A. s'installa pour regarder le film et s'y absorba aussitôt. A la moitié du film, elle sentit les premières contractions. Son mari l'emmena à l'hôpital ct elle ne connut pas la fin de l'histoire.

Trois ans plus tard, enceinte de son second enfant, A. s'assit sur le canapé et alluma de nouveau la télévision. Il y avait de nouveau un film à l'écran, et c'était de nouveau *L'Histoire d'une nonne* avec Audrey Hepburn. Plus remarquable encore (et A. insiste beaucoup sur ce point), elle avait allumé à l'instant précis du film où elle l'avait quitté trois ans plus tôt. Cette fois, elle put le regarder jusqu'au bout. Moins d'un quart d'heure après, elle perdait les eaux et partait à l'hôpital pour accoucher une deuxième fois.

Ces deux fillettes sont les seuls enfants de A. Le premier accouchement fut extrêmement pénible (mon amie faillit y rester, et ne s'en remit qu'après plusieurs mois), mais le second se passa en douceur, sans complication d'aucune sorte.

2

Il y a cinq ans, j'ai passé l'été avec ma femme et mes enfants dans le Vermont, où nous louions une vieille ferme isolée en haut d'une montagne. Un jour, une femme qui habitait le village voisin vint nous rendre visite avec ses deux enfants, une petite fille de quatre ans et un gamin de dix-huit mois. Ma fille Sophie venait d'avoir trois ans et les deux fillettes aimaient jouer ensemble. Nous nous sommes installés dans la cuisine, ma femme et moi, avec notre hôte, et les enfants sont partis s'amuser.

Cinq minutes plus tard, il y eut un grand bruit de casse. Le petit garçon s'en était allé dans le vestibule, de l'autre côté de la maison et, comme ma femme avait mis un vase de fleurs dans ce vestibule à peine deux heures plus tôt, il n'était pas difficile de deviner ce qui s'était passé. Je n'avais même pas besoin de regarder pour savoir que le sol était jonché de verre cassé et de flaques d'eau, ainsi que des tiges et des pétales des fleurs éparpillés.

J'étais irrité. « Foutus mômes, me disais-je. Foutus parents avec leurs foutus mômes maladroits. Qui leur a donné le droit de s'amener sans avoir prévenu ? »

Je dis à ma femme que j'allais réparer les dégâts et, tandis qu'elle et notre visiteuse poursuivaient leur conversation, je m'armai d'un balai, d'une pelle et de serpillières et me rendis dans le vestibule.

Ma femme avait mis les fleurs sur une malle en bois placée juste au-dessous de la rampe de l'escalier. C'était un escalier particulièrement raide et étroit, au pied duquel se trouvait une grande fenêtre, à moins d'un mètre de la première marche. Je décris cette géographie parce qu'elle est importante. La disposition des lieux a tout à voir avec ce qui se passa ensuite.

J'avais à peu près fini de nettoyer quand ma fille sortit en courant de sa chambre, sur le palier du premier étage. J'étais assez proche du pied de l'escalier pour l'apercevoir (à quelques pas en arrière, je n'aurais pas pu la voir) et en ce bref instant je reconnus sur son visage cette expression pleine d'entrain et de joie de vivre qui comble mon âge mûr d'un contentement ineffable. Et puis, tout de suite, avant que j'aie pu seulement lui dire bonjour, elle a trébuché. Le bout de sa sandale s'était accroché sur le palier et, comme ça, sans crier gare, elle s'est envolée dans les airs. Je ne veux pas suggérer qu'elle tombait, ni qu'elle roulait, ni qu'elle rebondissait sur les marches. Je veux dire qu'elle volait. Le choc du faux pas l'avait littéralement lancée dans l'espace, et à la trajectoire de son vol je voyais qu'elle se dirigeait droit vers la fenêtre.

Ce que j'ai fait ? Je ne sais pas ce que j'ai fait.

Je me trouvais du mauvais côté de la rampe quand je l'avais vue trébucher, mais quand elle est arrivée à mi-chemin entre le palier et la fenêtre, j'étais debout sur la première marche de l'escalier. Comment y étais-je parvenu ? Ce n'était que l'affaire de quelques pieds, mais il ne semble guère possible de couvrir cette distance en si peu de temps — un temps quasi nul. Néanmoins, j'y étais, et à l'instant où j'y étais j'ai regardé en l'air, j'ai ouvert les bras, et je l'ai rattrapée.

3

J'avais quatorze ans. Pour la troisième année d'affilée, mes parents m'avaient envoyé en camp d'été dans l'Etat de New York. Je passais le plus gros de mon temps à jouer au basket et au base-ball, mais comme c'était un camp mixte, il y avait également d'autres activités : les « soirées », les premières étreintes maladroites avec les filles, les vols de petites culottes, les habituelles fredaines adolescentes. Je me souviens aussi de cigares bon marché fumés en cachette, de lits en portefeuille et de grandes batailles de bombes à eau.

Rien de tout ça n'est important. Je voulais simplement souligner quel âge vulnérable ce peut être, quatorze ans. Sorti de l'enfance, pas encore adulte, on est ballotté d'avant en arrière entre celui qu'on était et celui qu'on deviendra bientôt. Pour ma part, j'étais encore assez jeune pour penser que j'avais un espoir légitime de jouer un jour en *Major League*, mais assez vieux pour douter de l'existence de Dieu. J'avais lu le *Manifeste du parti communiste*, et pourtant j'aimais encore regarder les dessins animés du samedi matin. Chaque fois que j'apercevais mon visage dans un miroir, j'avais l'impression de voir quelqu'un d'autre.

Nous étions seize ou dix-huit garçons dans mon groupe. Pour la plupart nous avions passé plusieurs étés ensemble, mais quelques nouveaux venus s'étaient joints à nous cette année-là. L'un d'entre eux s'appelait Ralph. C'était un gamin silencieux qui manifestait peu d'enthousiasme pour dribbler au basket ou faire passer la balle de base-ball et, même si personne ne lui faisait la vie particulièrement dure, il avait du mal à s'intégrer. Il avait échoué à un ou deux examens cette année-là, et la plus grande partie de son temps libre était consacrée à des révisions supervisées par un des moniteurs. C'était un peu triste, et je le plaignais — mais je ne le plaignais pas trop, pas au point d'en perdre le sommeil.

Nos moniteurs étaient tous des étudiants new-yorkais, originaires de Brooklyn ou de Queens. Amateurs de basket-ball et de plaisanteries fines, futurs dentistes, comptables ou enseignants, citadins jusqu'au bout des ongles. Comme la plupart des New-Yorkais véritables, ils s'obstinaient à appeler le sol le « plancher », même s'ils n'avaient sous les pieds que de l'herbe, des cailloux et de la terre. Les agréments de la vie traditionnelle dans un camp de vacances leur étaient aussi étrangers que le métro à un paysan de l'Iowa. Canoës, scoubidous, escalades, nuits sous la tente ou chant autour du feu de camp étaient introuvables dans l'inventaire de leurs intérêts. Ils étaient capables de nous enseigner les finesses du tir primé et du rebond, mais à part cela se contentaient en général de faire les idiots et de raconter des blagues.

Imaginez donc notre surprise quand, un après-midi, notre moniteur nous annonça que nous allions faire une balade en forêt. Il avait été pris d'une inspiration et ne laisserait personne l'en dissuader. Assez de basket-ball, disait-il. Nous nous trouvons en pleine nature, et il est temps que nous en profitions pour nous comporter en vrais campeurs — ou quelque chose comme ça. Et ainsi, après la période de repos qui suivait le repas de midi, toute la troupe de seize ou dix-huit gamins accompagnée de deux ou trois moniteurs s'enfonça dans les bois.

C'était à la fin de juillet ou au début d'août 1961. Tout le monde était d'humeur plutôt allègre, je m'en souviens, et après une demi-heure de marche environ, la plupart convenaient que cette sortie était une bonne idée. Personne n'avait de boussole, bien entendu, ni la moindre idée d'où nous allions, mais nous nous amusions tous très bien et, si jamais nous nous perdions, quelle importance ? Tôt ou tard, nous retrouverions notre chemin.

Alors il s'est mis à pleuvoir. Au début, rien de bien remarquable, quelques gouttes légères tombant entre les feuilles et les branches, aucune raison de s'inquiéter. Nous avons continué d'avancer, refusant de laisser un peu d'eau gâter notre plaisir, mais quelques minutes plus tard l'averse est devenue sérieuse. Tout le monde était trempé, et les moniteurs ont décidé qu'il fallait faire demi-tour et rentrer. Le seul problème, c'est que personne ne savait où se trouvait le camp. Les bois étaient touffus, pleins de bouquets d'arbres et de buissons épineux, et nous nous y étions frayé un chemin de-ci, de-là, avec de brusques changements de direction afin de progresser. Pour accroître la confusion, on commençait à ne plus bien y voir. Il faisait sombre dans la forêt depuis le début, mais avec l'arrivée de la pluie, le ciel était devenu noir et on aurait cru qu'il était nuit plutôt que trois ou quatre heures de l'après-midi.

Et puis vinrent les premiers coups de tonnerre. Et après le tonnerre, les éclairs. L'orage éclatait juste au-dessus de nous, et il s'avéra que c'était le plus formidable orage d'été de tous les orages d'été. Je n'ai jamais vu un temps pareil, ni avant cela, ni par la suite. La pluie nous tombait dessus avec une telle violence qu'en vérité elle faisait mal ; chaque fois que le tonnerre claquait, on sentait dans son corps vibrer le bruit. Aussitôt, les éclairs suivaient, dansant autour de nous, tels des javelots. C'était comme si des armes avaient surgi de rien : éclats soudains illuminant tout alentour d'une blancheur éblouissante et fantomatique. Des arbres étaient frappés, et des branches s'embrasaient. Et puis l'obscurité revenait pendant un instant, le tonnerre grondait de nouveau dans le ciel, et la foudre revenait à un autre endroit.

C'était de la foudre que nous avions peur, bien sûr. Il eût été idiot de ne pas avoir peur, et dans notre panique nous tentions de lui échapper. Mais l'orage était trop gros et, où que nous allions, nous rencontrions de nouveaux éclairs. Ce fut un sauve-qui-peut, une fuite précipitée, tournant en rond. Et puis, soudain, quelqu'un aperçut une clairière. Une brève discussion s'éleva, pour savoir s'il était plus sûr de sortir du couvert ou de rester sous les arbres. La voix en faveur de la clairière l'a emporté, et nous avons tous couru dans sa direction.

C'était une petite prairie, sans doute un pré appartenant à une ferme voisine, et pour y accéder il nous fallait ramper sous une clôture de fils barbelés. L'un après l'autre, nous nous sommes mis à plat ventre afin de nous y glisser. Je me trouvais au milieu de la file, juste derrière Ralph. Au moment précis où il passait sous le barbelé, la foudre est tombée de nouveau. J'étais à deux ou trois pieds de lui, mais à cause de la pluie qui me martelait les paupières, je n'ai pas bien vu ce qui se passait. Tout ce que je savais, c'est que Ralph avait cessé de bouger. Pensant qu'il avait été choqué, j'ai rampé près de lui sous la clôture. Un fois de l'autre côté, je l'ai empoigné par le bras et traîné jusqu'à moi.

J'ignore combien de temps nous sommes restés dans ce champ. Une heure, dirais-je, et pendant tout ce temps nous étions sous la pluie, et le tonnerre et les éclairs continuaient à nous accabler. C'était une tempête arrachée aux pages de la Bible, et elle durait et durait encore, comme si elle devait n'avoir jamais de fin.

Deux ou trois garçons avaient été frappés par quelque chose — la foudre peut-être, ou le choc de la foudre heurtant le sol non loin d'eux — et le pré retentit bientôt de leurs gémissements. D'autres pleuraient et priaient. D'autres encore, d'une voix apeurée, s'efforçaient de donner des conseils de bon sens. Débarrassez-vous de tout ce qui est métal, disaient-ils, le métal attire la foudre. Nous avons tous enlevé nos ceintures pour les lancer au loin.

Je ne me rappelle pas avoir dit quoi que ce soit. Je ne me rappelle pas avoir pleuré. Un autre garçon et moi, nous nous efforcions de venir en aide à Ralph. Il était toujours inconscient. Nous lui frictionnions les bras et les jambes, nous lui tenions la langue pour empêcher qu'il l'avale, nous lui disions de tenir le coup. Au bout d'un moment, sa peau a pris une teinte bleuâtre. Son corps me paraissait plus froid au toucher, mais en dépit de l'évidence croissante, il ne me vint pas un instant à l'esprit qu'il n'allait pas revenir à lui. Je n'avais que quatorze ans, après tout, et qu'est-ce que je savais ? Je n'avais jamais vu de mort.

C'était à cause du fil barbelé, je suppose. Les autres garçons qui avaient été atteints par la foudre s'étaient sentis engourdis, avaient eu les membres douloureux pendant une heure ou deux, et puis s'en étaient remis. Mais Ralph s'était trouvé sous la clôture quand l'éclair avait frappé, et il avait été électrocuté.

Plus tard, quand on m'a dit qu'il était mort, j'ai appris qu'il avait en travers du dos une brûlure longue de huit pouces. Je me rappelle m'être efforcé d'enregistrer cette information et m'être dit que la vie ne me paraîtrait plus jamais pareille. Assez curieusement, je n'ai pas pensé au fait que je me trouvais tout près de lui quand c'était arrivé. Je n'ai pas pensé : quelques secondes plus tard, et c'eût été moi. Ce que j'ai pensé, c'est que je lui avais tenu la langue et que j'avais regardé ses dents. Sa bouche s'était figée en une légère grimace, les lèvres entrouvertes, et j'avais passé une heure à regarder les bouts de ses dents. Trente-quatre années plus tard, je m'en souviens encore. Et de ses yeux mi-fermés, mi-ouverts. D'eux aussi, je me souviens.

4

Voici quelques années, j'ai reçu une lettre d'une femme qui habite Bruxelles. Elle m'y racontait l'histoire d'un de ses amis, un homme qu'elle connaissait depuis l'enfance.

En 1940, cet homme s'est engagé dans l'armée belge. Après la défaite du pays devant les Allemands, la même année, il a été capturé et enfermé dans un camp de prisonniers de guerre. Il y est resté jusqu'à la fin de la guerre, en 1945.

Les prisonniers étaient autorisés à correspondre avec des membres de la Croix-Rouge, en Belgique. L'homme se vit assigner arbitrairement une correspondante — une infirmière bruxelloise de la Croix-Rouge — et pendant cinq années cette femme et lui échangèrent des lettres tous les mois. Avec le temps, ils devinrent de grands amis. A un certain moment (je ne sais pas exactement combien de temps cela prit), ils sentirent que quelque chose de plus que de l'amitié était né entre eux. Leur correspondance se poursuivit, de plus en plus intime à chaque échange, et à la fin ils se déclarèrent leur amour réciproque. Une telle chose était-elle possible ? Ils ne s'étaient jamais vus, n'avaient jamais passé un instant en compagnie l'un de l'autre.

A la fin de la guerre, l'homme fut libéré de prison et revint à Bruxelles. Il rencontra l'infirmière, l'infirmière le rencontra, et ils ne furent déçus ni l'un, ni l'autre. Peu après, ils se marièrent.

Le temps passa. Ils eurent des enfants, ils vieillirent, le monde devint un monde un peu différent. Leur fils, ayant terminé ses études en Belgique, alla faire un doctorat en Allemagne. Là, à l'université, il s'éprit d'une jeune Allemande. Il écrivit à ses parents pour leur annoncer son intention de l'épouser.

Les parents, de part et d'autre, furent on ne peut plus heureux pour leurs enfants. Les deux familles organisèrent une rencontre et, le jour prévu, la famille allemande arriva chez la famille belge, à Bruxelles. Quand le père allemand entra dans le salon et que le père belge se leva pour l'accueillir, les deux hommes échangèrent un regard et se reconnurent. Bien des années étaient passées, mais aucun des deux n'éprouvait le moindre doute quant à l'identité de l'autre. A une époque de leurs vies, ils s'étaient vus chaque jour. Le père allemand avait été gardien dans le camp de prisonniers où le père belge avait passé la guerre.

Ainsi que s'empressait d'ajouter la femme qui m'a écrit cette lettre, il n'y avait pas entre eux de ressentiment particulier. Si monstrueux qu'ait pu être le régime allemand, le père allemand n'avait rien fait durant ces cinq années pour s'attirer la rancune du père belge.

Quoi qu'il en soit, ces deux hommes sont à présent les meilleurs des amis. Leur plus grande joie dans la vie, à tous deux, vient des petits-enfants qu'ils ont en commun.

5

J'avais huit ans. A ce moment de ma vie, rien ne me paraissait plus important que le base-ball. Mon équipe, c'était les New York Giants, et je suivais avec toute la dévotion d'un vrai croyant les exploits de ces hommes coiffés de noir et orange. Aujourd'hui, quand je repense à cette équipe qui n'existe plus et jouait dans un stade qui n'existe plus, je peux encore aligner les noms de presque tous les joueurs inscrits au rôle. Alvin Dark, Whitey Lockman, Don Mueller, Johnny Antonelli, Monte Irvin, Hoyt Wilhelm. Mais aucun ne me semblait plus grand, plus parfait, plus digne d'adoration que Willie Mays, l'incandescent « Say-Hey Kid ».

Ce printemps-là, on m'a emmené à mon premier match de grande ligue. Des amis de mes parents avaient une loge aux Polo Grounds, et un soir de mai nous sommes allés en groupe voir les Giants jouer contre les Milwaukee Braves. Je ne sais plus qui a gagné, je ne me souviens pas d'un seul détail du jeu, mais je me rappelle qu'après la fin du match mes parents et leurs amis sont restés assis à discuter jusqu'à ce que tous les autres spectateurs soient partis. Ils ont tant tardé que pour gagner la sortie du champ extérieur, la seule qui fût encore ouverte, nous avons dû traverser le polygone. Il se trouve que cette sortie était située juste au-dessous du vestiaire des joueurs.

Nous étions presque arrivés au mur quand j'ai aperçu Willie Mays. Il n'y avait aucun doute, c'était lui. C'était Willie Mays, qui avait déjà changé de tenue et se tenait là, en vêtements civils, à quelques pas de moi. J'ai forcé mes jambes à marcher vers lui et alors, prenant mon courage à deux mains, j'ai obligé ma bouche à articuler quelques mots : M. Mays, ai-je dit, pourrais-je avoir un autographe, s'il vous plaît ?

Il avait tout au plus vingt-quatre ans, et pourtant j'aurais été incapable de prononcer son prénom.

Sa réaction à ma question fut brusque mais aimable. Bien sûr, fiston, bien sûr, dit-il. T'as un crayon ? Il était si plein de vie, je m'en souviens, si débordant d'énergie juvénile, qu'il n'arrêtait pas de sautiller en me parlant.

Je n'avais pas de crayon, et j'ai donc demandé à mon père si je pouvais lui emprunter le sien. Il n'en avait pas non plus. Et ma mère non plus. Ni, en définitive, aucun des autres adultes.

Et le grand Willie Mays nous regardait en silence. Quand il fut évident que personne dans notre groupe n'avait de quoi écrire, il se tourna vers moi avec un haussement d'épaules. Désolé, fiston, dit-il. Pas de crayon, pas d'autographe. Il sortit du stade et s'éloigna dans la nuit.

Je ne voulais pas pleurer, mais les larmes se mirent à m'inonder les joues et je ne pouvais rien pour les arrêter. Pis encore, j'ai pleuré pendant tout le trajet en voiture jusqu'à la maison. Oui, la déception m'écrasait, mais aussi je me sentais furieux contre moi-même à cause de mon incapacité à maîtriser ces larmes. Je n'étais plus un bébé. J'avais huit ans, et un garçon de mon âge n'aurait pas dû pleurer pour une chose pareille. Non seulement, je n'avais pas l'autographe de Willie Mays, mais je n'avais rien d'autre. La vie m'avait mis à l'épreuve, et je m'étais trouvé déficient à tous égards.

Depuis ce soir-là, j'ai toujours eu un crayon sur moi, où que j'aille. J'ai pris l'habitude de ne jamais sortir de chez moi sans m'assurer que j'avais un crayon en poche. Non parce que j'avais idée de ce que je ferais avec ce crayon, mais parce que je ne voulais plus être pris au dépourvu. Je m'étais laissé prendre une fois, et n'étais pas prêt à laisser ça se reproduire.

Si les années m'ont appris une chose, c'est ceci : du moment qu'on a un crayon dans sa poche, il y a de fortes chances pour qu'un jour ou l'autre on soit tenté de s'en servir.

Et je le dis volontiers à mes enfants, c'est comme ça que je suis devenu écrivain.

1995

Table

Le Diable par la queue 5

Pourquoi écrire ? 165

Composition réalisée par JOUVE

Achevé d'imprimer en Europe (Allemagne)
par Elsnerdruck à Berlin
dépôt édit.: 4711-09/2000
LIBRAIRIE GÉNÉRALE FRANÇAISE - 43, quai de Grenelle - 75015 Paris.
ISBN : 2 - 253 - 14920 - 9

31/4920/0